# DE L'EMPLOI

# DE L'EAU SALÉE

POUR

## LE PANSEMENT DES PLAIES

## ET LE LAVAGE DES FOYERS PURULENTS

PAR

## L.-J.-B. CRASQUIN,

Docteur en médecine

LILLE,

IMPRIMERIE L. DANEL.

1878.

# DE L'EMPLOI

# DE L'EAU SALÉE

POUR

## LE PANSEMENT DES PLAIES
## ET LE LAVAGE DES FOYERS PURULENTS

PAR

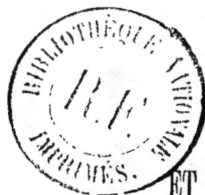

L.-J.-B. CRASQUIN,

Docteur en médecine.

———✦———

LILLE,

IMPRIMERIE L. DANEL.

—

1878.

# INTRODUCTION.

La guérison des surfaces qui suppurent est une grave question qui a préoccupé les chirurgiens de tous les temps ; tous ont cru devoir chercher dans le mode de pansement le moyen d'arriver à ce but : obtenir un cicatrisation rapide ; écarter les accidents dus à la suppuration.

En effet, selon l'expression de M. Armand Desprès, « tout opéré n'est qu'à moitié guéri ; le régime et le pansement font le reste [1] ». De là, la préoccupation constante des praticiens au sujet du pansement ; de là, les innombrables essais tentés dans ces derniers temps pour réaliser ce problème : amener le blessé sans encombre de l'opération à la guérison.

L'étude, de plus en plus approfondie, des conditions de la suppuration et de la cicatrisation, a conduit à demander au pansement certaines qualités qui favorisent

_____

(1) Armand Desprès. *La Chirurgie journalière*, page 7. — Paris, 1877

l'œuvre médicatrice de la nature, et que M. Desprès résume ainsi :

1° Tenir la partie blessée dans une immobilité absolue ;

2° S'opposer à la décomposition des matières qui baignent la plaie ;

3° Assurer l'écoulement des liquides altérés hors des foyers purulents.

Telles sont, en effet, en y ajoutant un air pur et une bonne alimentation, les précautions que doit prendre tout chirurgien pour obtenir une cicatrisation rapide, et prévenir les accidents dus à la suppuration (septicémie, infection purulente).

Ce que nous venons de dire des plaies, est également vrai pour l'inflammation des grandes cavités séreuses : la suppuration y détermine les mêmes phénomènes et doit être traitée de la même façon.

L'explication, aujourd'hui généralement acceptée, qui attribue la décomposition des liquides des plaies et les accidents qui en résultent à des vibrions et à des bactéries, a mis en honneur les pansements antiseptiques, destinés à enlever au pus sa fétidité et ses qualités nocives. Ces pansements varient, soit que, suivant l'interprétation du chirurgien, ils soient destinés à empêcher le développement de ces organismes inférieurs, soit qu'on leur attribue la propriété de les détruire après leur production.

Persuadé que nos ressources chirurgicales ne seront jamais trop considérables pour combattre les terribles accidents que la suppuration fait, malheureusement, éclater trop souvent sous nos yeux, je me propose de faire connaître un agent thérapeutique peu usité jusqu'à ce jour, et qui a donné d'excellents résultats dans le service de M. le Professeur Houzé de l'Aulnoit, à l'hôpital Saint-Sauveur.

Cet agent est le chlorure de sodium.

Fort des expérimentations faites, et des résultats cliniques obtenus par notre Professeur, encouragé par ses bons conseils, je m'efforcerai de prouver que la solution de sel marin réunit à un très-haut degré ces deux qualités d'un bon pansement :

1° Elle empêche la décomposition des liquides qui baignent les plaies ;

2° Elle entraîne facilement au dehors les liquides altérés.

Si j'ai pu mener à bien ce travail, je dois reconnaître que j'aurai obtenu ce résultat, grâce aux bons conseils et aux bienveillants encouragements de M. le Professeur Houzé de l'Aulnoit. Aussi, je prie cet excellent maître d'agréer mes remerciements les plus sincères, et d'accepter la dédicace de cette thèse, comme un témoignage de ma profonde reconnaissance.

# DE L'EMPLOI DE L'EAU SALÉE

## LE PANSEMENT DES PLAIES

ET

## LE LAVAGE DES FOYERS PURULENTS.

## CHAPITRE PREMIER.

### Historique.

Avant d'aborder le sujet de cette étude, je crois devoir rappeler, en peu de mots, les divers traitements employés pour la guérison des plaies et le lavage des foyers purulents.

Je dirai en outre ce qui a été fait jusqu'à nos jours pour introduire le chlorure de sodium dans la thérapeu tique chirurgicale.

A. — *Des divers modes de pansement des plaies.*

Le pansement des plaies a beaucoup varié depuis Hippocrate jusqu'à nos jours. M. Rochard, dans son *Histoire
de la Chirurgie au XIX⁰ siècle* (1), M. Debaisieux,
(de Louvain), dans son remarquable rapport au Congrès
des Sciences médicales de Bruxelles (2), en 1875, ont
tous deux traité d'une façon magistrale cette importante
question. Je me contenterai donc de donner, d'une façon
succincte, le résumé de leurs travaux.

Hippocrate, Celse, Fabrice d'Acquapendente, employaient le pansement simple, le pansement classique,
constitué par un linge cératé recouvert de charpie, et
maintenu par une bande. Ce pansement, souvent suffi-
sant à la campagne, mais incapable, dans nos hôpitaux
actuels, de prévenir et de combattre les accidents terribles
qui déciment nos blessés, n'est point le seul qu'employaient ces chirurgiens. Ils recouraient au vin pour empêcher la pourriture ; ils combattaient l'inflammation par les
émollients, et surtout par le pansement humide, composé
de compresses mouillées et renouvelées au fur et à
mesure de l'évaporation.

Ces derniers moyens furent employés jusqu'au com-
mencement du XVIIᵉ siècle, et alors César Magatus proposa les pansements rares, qui n'étaient faits que tous
les 4 ou 5 jours. Cette méthode tomba dans l'oubli ; mais
à la fin du même siècle, Belloste, sans mentionner les
tentatives de Magatus, reprit la même méthode, en

(1) Paris, 1875. Lib. J.-B. Baillière.
(2) Congrès des sciences médicales de Bruxelles. — Paris, 1876.

supprimant les tentes , bourdonnets et plumasseaux de charpie qui surchargeaient les parties blessées.

Vers 1803 , Josse (d'Amiens), revint au pansement à l'eau froide, mais il le modifia et en fit l'irrigation continue, à l'aide d'une bande reposant sur la plaie et plongeant dans un réservoir d'eau situé au- dessus. Ce pansement est bon au début des plaies contuses, mais il produit la macération de la peau et ne peut être continué longtemps.

Bérard recommandait l'eau de pompe. Malgaigne voulait de l'eau à la température de l'atmosphère. Langenbeck, en 1839 , employa les bains d'eau tiède de 25° à 35° centigrades. M. Valette , de Lyon , employa le même procédé , mais on y a presque complètement renoncé aujourd'hui. Dans ces dernières années, M. Léon Le Fort (1) recommanda la balnéation continue, pratique très usitée en Russie , et qui a donné de très-beaux résultats, surtout à la suite des plaies par écrasement ou par coups de feu. M. Le Fort emploie en ce cas de l'eau légèrement alcoolisée. M. Rochard a recours au pansement humide , imbibé d'une préparation phéniquée, et protégé par une enveloppe imperméable(2).

A partir du travail de Velpeau (3) sur l'infection purulente, on commença à s'occuper davantage du pansement des plaies. On eut alors pour but de hâter la cicatrisation , et d'annuler les effets fâcheux de la suppuration.

Bonnet (de Lyon) , proposa la cautérisation des plaies,

(1) Académie de médecine, 31 mai 1870. — Académie de médecine, 1878

(2) *Dictionnaire de médecine et de chirurgie pratique*, tome XXV, page 765.

(3) Thèse inaugurale, 1823

pour en faire une sorte d'eschare sèche ; Follin proposa la cautérisation au chlorure de zinc, mais le résultat ne fut guère favorable. Un de nos maîtres, M. Parise, professeur de clinique chirurgicale à la Faculté de Lille, a aussi tenté la cautérisation au fer rouge des plaies d'amputation ; il y a renoncé, parce que l'infection purulente se développait après la chute de l'eschare.

Les pansements compliqués ont, pendant quelque temps, joui d'une grande vogue ; le plus ancien est l'appareil à incubation de J. Guyot, composé d'une caisse, dans laquelle on enferme la partie blessée, pour l'entourer d'une atmosphère d'air chaud, d'acide carbonique (Follin), de vapeur d'eau, de vapeurs aromatiques sèches ou humides.

M. Jules Guérin proposa et employa son appareil à occlusion pneumatique, formé d'une poche en caoutchouc entourant la plaie, et communiquant par un tube de même substance avec un ballon de verre, dans lequel on a fait le vide.

M. Jules Guérin prétend enlever ainsi les gaz putrides qui prennent naissance sur les parties en suppuration, lesquelles peuvent dès lors se cicatriser à l'abri du contact de l'air.

L'appareil à aspiration continue de M. Maisonneuve fit son apparition en 1867. Pour l'éminent chirurgien de Paris, l'aspiration continue enlève, par le vide qu'elle produit, les gaz et les liquides qui se développent à la surface des tissus altérés, et qui seraient susceptibles d'être absorbés.

Ces appareils étaient difficiles à appliquer et à maintenir en place ; on a, par conséquent, renoncé à leur emploi.

M. Bouisson de Montpellier a proposé un appareil ventilateur destiné à produire la cicatrisation sous-crustacée. C'est en desséchant les liquides de la suppuration, que ce chirurgien arrivait à les condenser en croûtes plus ou moins épaisses.

La ventilation ainsi comprise n'est qu'un procédé de pansement par occlusion. En pareille matière, mieux vaudrait un pansement plus simple.

M. Chassaignac a résolu le problème du pansement par occlusion, en imbriquant sur toute la surface des plaies des bandelettes de diachylon. Il les disposait de telle façon que l'air ne pût arriver sur les plaies; plus tard, il y joignit le drainage chirurgical.

D'autres pansements par occlusion ont été prônés par leurs auteurs et sont ensuite tombés dans l'oubli; nous ne ferons que les mentionner. Laugier et J. Guérin ont employé la baudruche, qu'ils fixaient sur la plaie au moyen d'une solution de gomme arabique (1).

M. le professeur Burgraeve (de Gand), se servit de plaques minces de plomb retenues par des bandelettes agglutinatives (2). M. Guyon recommande le collodion et la ouate, appliqués en couches minces et superposées. Il obtient ainsi une croûte artificielle, qui résiste à l'action des cataplasmes, des grands bains et des lavages.

Les travaux de M. Pasteur ont apporté un changement complet dans les pansements. Ils nous ont fait considérer la putréfaction comme une variété de la fermentation, due à des organismes microscopiques qui

---

(1) Rochard, *Histoire de la chirurgie au XIX<sup>e</sup> siècle.*
(2) Rochard, *loc. cit*, p. 672.

abondent dans l'atmosphère, et auxquels l'air doit ses propriétés nuisibles.

C'est sur ces données que l'on a établi les pansements désinfectants et antiseptiques.

Lorsqu'il règne une influence fâcheuse, lorsque les plaies tendent à devenir grisâtres, quand les érysipèles, les phlegmons diffus commencent à se montrer, la désinfection aidée de l'évacuation du pus devient indispensable. On l'a demandée tour à tour au coaltar (Corne et Demeaux), aux hypochlorites (Hervieux), à l'iode, à l'alcool, au permanganate de potasse, à l'acide phénique, au perchlorure de fer, etc. Toutes ces substances ont également servi et servent encore au lavage des foyers purulents, contre lesquels nos ancêtres n'employaient que les injections d'eau tiède.

L'alcool a été employé pur par Batailhé (de Caen), à l'état d'eau-de-vie camphrée par Nélaton, qui en fut le plus ardent vulgarisateur ; mais l'alcool a l'inconvénient de cautériser les bords des plaies, et de tarir la suppuration. Sous son influence, les blessés éprouvent un sentiment de cuisson pénible, et la cicatrisation est retardée par le dessèchement des plaies. Telle est l'opinion de M. Rochard sur ce topique, car ce chirurgien dit (1) : « L'alcool est un topique douloureux qui entrave la cicatrisation des plaies. »

Le permanganate de potasse est un excellent désinfectant, mais il s'altère vite et ne modifie pas la surface des plaies.

Le désinfectant le plus employé de nos jours est sans

---

(1) *Dictionnaire de médecine et de chirurgie pratique*, tome XXV, page 750, article *Pansements*.

contredit l'acide phénique, qui fait la base du pansement de Lister. Nous n'entrerons point dans les détails des précautions minutieuses dont s'entoure le professeur d'Édimbourg. Qu'il nous suffise de dire que les difficultés et le prix de revient de ce pansement sont des considérations qui ont jusqu'ici nui à son extension, et que la plupart des chirurgiens font le pansement avec la solution d'acide phénique comme avec tout autre liquide.

Thiersch, de Leipzig, a modifié le pansement de Lister, en substituant l'acide salicylique à l'acide phénique.

M. Parise, convaincu que l'infection purulente est toujours le résultat d'une phlébite de voisinage, ou d'une phlébite à distance, emploie, pour prévenir la pyohémie, une solution cencentrée d'alun, qu'il verse sur la plaie au moment de l'opération et dans laquelle il trempe les instruments dont il se sert, ainsi que les pièces du pansement. (1).

Le pansement ouaté de M. Alphonse Guérin est aussi un pansement antiseptique, qui repose sur cette propriété que la ouate possède de filtrer l'air et de le dépouiller des miasmes qu'il renferme. Il a pour but, d'après ce chirurgien, d'entraver la décomposition putride.

En effet, cet auteur, quand il fit connaître son pansement, ne lui attribuait que la propriété d'empêcher la formation des bactéries et des vibrions.

D'après le rapport de M. Gosselin, présenté à l'Ins-

(1) Parise. — Communication au Congrès des sciences médicales de Bruxelles, 1875.

titut, le 18 janvier 1875, ce résultat n'est nullement obtenu. Dans l'intérieur des cuirasses ouatées, après une application de 15 et 20 jours, on a trouvé un pus fétide contenant des vibrions (Hayem). Le rapporteur, tout en déclarant que le but désiré n'est point atteint, insiste sur les avantages suivants auxquels M. Guérin n'a point songé tout d'abord : la compression douce, la température uniforme, et l'immobilisation complète et absolue du membre. Cette dernière condition, si favorable à la cicatrisation des plaies et des moignons d'amputés avait été recommandée par M. Houzé de l'Aulnoit quelques années avant le rapport de M. Gosselin, où, pour la première fois, il est fait mention de l'immobilisation.

En effet, dès le 3 février 1872 (1), le professeur de la Faculté de Lille déclare qu'on doit immobiliser les moignons comme les fractures. Le 2 avril de la même année (2), il proclame les avantages de l'immobilisation articulaire à l'aide de gouttières bouclées et appliquées au niveau des articulations. Plus tard, à la Société de chirurgie (3), à l'Institut (4), au Congrès de Bruxelles (5), et dans son ouvrage sur les amputations sous-périos tées (6), il insiste de nouveau sur la nécessité de recourir à l'immobilisation dans le pansement des amputés. Avant

(1) Houz de l'Aulnoit. — *Gazette des hôpitaux.*

(2) Idem.

(3) Société de Chirurgie.

(4) Communication à l'Institut, 7 février 1875.

(5) Congrès des sciences médicales de Bruxelles, page 268. Bruxelles, 1875.

(6) *Étude historique et clinique sur les amputations sous-périostées et de leur traitement par l'immobilisation articulaire,* page 127. Paris. 1873. Lib. J.-B. Baillière

lui, aucun chirurgien n'avait songé à formuler d'une manière aussi précise cette forme d'immobilisation. Sous ce rapport il a réellement droit à une priorité incontestable, et le conseil d'immobiliser les articulations, élevé à la hauteur d'un principe, basé du reste sur les données les plus élémentaires de la physiologie, ne tardera pas à être suivi, quel que soit le mode de pansement que l'on adoptera, à la suite des amputations sus ou sous périostées.

Quant au pansement de M. A. Guérin, malgré des avantages sérieux, il ne peut empêcher l'infection purulente, et on lui reproche, non sans raison, de mettre le chirurgien dans l'impossibilité de surveiller la marche de la cicatrisation. M. Le Fort, dans la dernière discussion à l'Académie de Médecine a prouvé que, d'après les renseignements pris par lui à l'Hôtel-Dieu, la mortalité des opérés de M. Alphonse Guérin avait été considérable puisque, pendant les années 1872 et 1873, les six malades amputés par lui et traités par le pansement ouaté, ont tous succombé sous l'influence de causes diverses : deux, en particulier, sont portés sur les registres de l'Hôtel-Dieu comme ayant succombé à l'infection purulente (1). Le pansement ouaté était donc loin de justifier la réputation que lui avait faite son auteur.

M. Verneuil, à la suite d'une désarticulation de la hanche, propose le pansement ouvert qui consiste en applications de petits carrés de tarlatane imbibés dans de l'eau tiède, recouverts de gâteaux de charpie trempés dans l'acide phénique, d'une lame épaisse d'ouate, d'un

(1) Académie de médecine, 25 juin 1888. — *Gazette médicale*, 29 juin 1878, p. 315.

morceau de taffetas ciré qui dépasse les bords de la plaie, et d'un simple bandage contentif (1).

Nous ne saurions recommander le pansement de M. Azam (de Bordeaux) qui par l'interposition d'un drain à la suite des amputations, entre les os et la plaie, s'oppose à la réunion des parties profondes.

Dans cet historique nous n'avons eu pour but que de rappeler les divers modes de pansement qui ont attiré, dans ces dernières années, l'attention des chirurgiens ; il nous eut été bien facile d'en citer nombre d'autres qui peuvent avoir leur utilité dans certains cas déterminés.

Quelle que soit la valeur réelle d'un pansement on ne doit pas oublier que ses résultats heureux sont subordonnés à des conditions qui doivent être scrupuleusement observées par le chirurgien qui désire être à la hauteur de sa noble mission, telles que le milieu dans lequel l'opéré doit séjourner, son mode d'alimentation, le procédé opératoire, une pression ischémique ne dépassant pas le but utile, l'immobilisation complète et absolue du membre, et les soins qu'on doit apporter dans l'application et le renouvellement des pansements.

### B. — *Du lavage des foyers purulents.*

La méthode des injections irritantes appliquées au traitement des collections de liquides pathologiques, et sa généralisation est une des plus belles conquêtes de la chirurgie moderne. C'est à Velpeau surtout qu'appartient le mérite d'en avoir compris le principe et le but, et d'en avoir découvert les principales applications.

Avant lui, cependant, on avait déjà fait de semblables injections dans les cavités contenant un liquide séreux,

(1) Verneuil. — Académie de médecine, 1878.

et du temps de Celse, on injectait une solution de salpêtre dans la tunique vaginale, après avoir évacué la poche de l'hydrocèle.

En 1677, Lambert de Marseille préconisa l'eau phagédenique, puis l'alcool fut employé, mais comme il produisait une inflammation trop vive, on eut recours au vin, soit à l'état simple, soit rendu astringent par une décoction de roses de Provins.

En 1835, Velpeau employa les injections de teinture d'iode et en obtint d'excellents résultats ; il appliqua alors sa méthode aux kystes séreux, sauf à ceux des grandes cavités splanchniques et articulaires.

C'est Bonnet (de Lyon) qui le premier osa injecter de la teinture d'iode dans une hydarthrose du genou (1), Plus tard, il en injecta également dans toutes les autres séreuses.

En 1846, Boinet proposa ces mêmes injections de teinture d'iode dans le cas d'empyème, mais il ne put mettre ce projet à exécution que trois ans plus tard, et il fut devancé par Boudaut (de Gannat). Ce praticien avait déjà obtenu un premier succès par les injections de chlorure de chaux ; mais ce moyen ne lui ayant pas pas réussi dans un second cas, il eut recours à une solution d'iode et d'iodure de potassium dans l'eau tiède, et au bout de trois mois, la guérison fut complète (2). Depuis les injections iodées ont été employées fréquemment, mais d'après M. Guyon (3), elles ont l'inconvénient de coaguler le pus, et ne peuvent être employées qu'après des lavages très-exacts.

(1) Bonnet — Mémoire sur les injections iodées dans les hydarthroses et les abcès des articulations. (*Bull. de Thér.*, nov. 1842, t. XXIII, p. 340).

(2) Boinet. *Iodothérapie*, p. 229.

(3) Guyon. *Éléments de chirurgie clinique*, p. 399.

Pour ces lavages, on se sert ordinairement de l'eau tiède, mais celle-ci, quoique employée plusieurs fois de suite, ne peut parvenir à enlever la fétidité du pus. Aussi a-t-on eu depuis longtemps recours aux hypochlorites de soude (liqueur de Labarraque) et de chaux, qui masquent l'odeur plutôt qu'il ne la détruisent, et qui sont difficilement supportés par quelques malades, à cause de l'odeur de chlore et d'acide hypochloreux qu'ils dégagent.

L'acide phénique a aussi été employé pour les lavages, mais il a l'inconvénient d'être caustique, et n'est plus guère employé aujourd'hui dans ce but.

Le permanganate de potasse est un bon désinfectant : il n'a pas d'odeur. On peut lui reprocher de se décomposer très-vite au contact des substances organiques, et de perdre ainsi sa force.

L'alcool, soit pur, soit à l'état d'eau-de-vie camphrée est un désinfectant qui a été beaucoup employé ; il diminue les sécrétions purulentes et rend ainsi des services au point de vue de l'hygiène. Mais son faible poids spécifique l'empêche de déplacer le pus qui siège dans les cavités anfractueuses. Du reste l'alcool est un caustique, de même que le perchlorure de fer, le chlorure de zinc, le nitrate d'argent, employés en solution.

Le déplacement du pus est la grande condition à réaliser dans le lavage des foyers purulents. Aussi, quelques chirurgiens n'ayant pu l'obtenir par les injections ordinaires, eurent recours à ce qu'on appelle les *injections forcées*. Ces injections sont faites au moyen d'une forte seringue, et poussées avec violence dans la cavité pleurale, procédé très-dangereux et susceptible de produire la syncope et certains troubles nerveux mal définis.

D'après M. Leudet, directeur de l'École de médecine de

Rouen, un de ses collègues n'a pas mieux réussi en injectant, dans un cas de pleurésie purulente, de la teinture d'iode, de l'alcool, du nitrate d'argent, etc., car son malade, dont le début de l'affection remontait au 27 février 1873, n'était pas guéri à la fin de l'année 1875 (1).

La longueur du traitement peut être considérée comme une preuve du peu d'efficacité de ces divers modes de lavages.

### C. — Des pansements par l'eau salée.

Les documents relatifs à l'emploi de l'eau salée en chirurgie nous font presque complètement défaut, et pourtant tout porte à croire qu'à toutes les époques, le sel marin a dû être employé pour le traitement des plaies. N'est-ce point en effet une tradition dans nos campagnes que cette substance est utile à la surface des tissus contus ou sectionnés, et ne l'avons-nous pas vu employer maintes fois comme agent d'astringence et d'hémostase dans les cas de plaies contuses récentes.

L'attention des chirurgiens a été peu attirée sur ce sujet, et le chlorure de sodium n'a guère été étudié jusqu'à ce jour que par les physiologistes au point de vue de la nutrition.

En 1865, M. Victor Dewandre, chef du service médical et chirurgien aux travaux d'agrandissement d'Anvers, publia un mémoire intitulé : *Du chlorure de sodium dans le traitement des plaies en général* (2).

Ce travail valut à son auteur une récompense de la Société médico-chirurgicale de Liège, et un compte

(1) Leudet. Communication au congrès pour l'avancement des sciences Clermont-Ferrand, 1876, p. 674.

(2) Liège. 1865, imp. Carmann, et *Extrait in Union medicale*, tome XXVII, 2e série, page 66, année 1865.

rendu très-élogieux de M. Amédée Latour dans l'*Union médicale* [1].

M. Dewandre n'avait employé la solution de sel marin que dans le pansement des plaies; quant au lavage des foyers purulents par une solution plus ou moins concentrée de chlorure de sodium, c'est à M. Houzé de l'Aulnoit que l'on doit ce nouveau mode de traitement [2].

Ce chirurgien l'employa au mois de juillet 1876, sur la nommée Fromentin Marie (Obs. IX), atteinte d'un épanchement purulent dans la cavité pleurale droite, vainement traitée par neuf ponctions successives, et plus tard par l'empyème aidée d'injections de teinture d'iode ou de permanganate de potasse. L'impossibilité de rejeter à l'extérieur le pus qui séjournait dans la plèvre malgré ces nombreux lavages, l'engagea à recourir à un liquide plus dense que le pus et sans danger sur l'organisme. Telle a été l'idée première et le point de départ de l'emploi de l'eau salée dans les foyers purulents.

Ces injections répétées sur d'autres malades atteints de collections purulentes dans les plèvres, dans la cavité abdominale ou dans les articulations, démontrèrent à ce chirurgien les avantages incontestables de cette solution.

Étendant l'usage de l'eau salée au pansement des plaies, il constata, comme l'avait fait M. Dewandre; qu'elle activait les granulations, surtout dans les grands traumatismes du tissu osseux (Obs. I et II). Pourtant une inflammation trop vive lui a paru une contre-indication dans son emploi, et, en pareil cas, il conseille de recourir aux émollients et aux antiphlogistiques. Toute-

---

(1) *Union médicale, loc. cit.*

(2) Houzé de l'Aulnoit. *Du traitement des foyers purulents et des plaies par l'eau salée.* Congrès pour l'avancement des sciences Paris. séance du 26 août 1878.

fois, au début des plaies contuses sans grande réaction inflammatoire, M. Houzé de l'Aulnoit n'a eu qu'à se louer de ces applications, avec le concours de l'immobilisation articulaire, destinée à empêcher l'écartement des bords de la plaie.

En 1877 parut la thèse de M. Raimondi (1) sur les eaux de Salès ; on y trouve d'intéressantes observations qui ne peuvent laisser le moindre doute sur l'heureuse influence de ces eaux très-riches en chlorure de sodium et en iode sur les plaies atoniques des scrofuleux.

De nombreuses observations recueillies par MM. Panizza, Sacchi, Pignacca, Tosi, Pietra Santa, Lescure, Blavot et Raimondi, ne laissent pas le moindre doute sur l'efficacité de ces eaux employées à l'intérieur et à l'extérieur dans les scrofules, le goître et la syphilis tertiaire avec exostose. On l'administre à la dose de 2 ou 3 cuillerées à bouche trois fois par jour dans de la soupe non salée ou dans du lait pour les adultes au moment des principaux repas. Pour les enfants, la moitié de cette dose est très-bien tolérée.

Dans le compte-rendu de la séance du 26 août 1878 de la section médicale du Congrès pour l'avancement des sciences, on lira avec intérêt la discussion que provoque la communication de M. Houzé de l'Aulnoit, sur le traitement des plaies et des foyers purulents par l'eau salée. M. Gubler n'a pas hésité à reconnaître à M. Houzé de l'Aulnoit la priorité de cette méthode et M. Potain, en y recourant sur un malade atteint d'un abcès du foie a eu la satisfaction de le guérir.

Dans ce travail, nous allons passer en revue les propriétés de l'eau salée. Avec M. Dewandre, nous verron

---

(1) Raimondi. *Du traitement des maladies scrofuleuses par les eaux salino-iodurées de Salès*. Thèse de Paris, 1877.

les effets de cet agent à la surface des plaies ; ensuite, faisant appel aux expériences et aux résultats cliniques de M. Houzé de l'Aulnoit, nous énumérerons les divers avantages qu'offrent les injections d'eau salée dans les cavités purulentes.

## CHAPITRE II.

### Composition et modes d'emploi de l'eau salée.

#### A. — *Composition.*

Pour obtenir du sel marin tous les effets thérapeutiques qu'il peut donner, il a fallu d'abord déterminer, par l'expérimentation et par l'observation, les quantités de sel à employer pour composer une solution capable d'amener la guérison sans produire d'accidents. M. Houzé de l'Aulnoit a, dès le début, fait dissoudre un tiers de sel dans deux tiers d'eau. Il a obtenu ainsi une liqueur saturée. Il s'en sert encore ainsi aujourd'hui, en ayant soin de la maintenir aux environs de 30°, pour avoir une densité plus grande, point capital, lorsqu'il s'agit du lavage de cavités profondes, où le pus séjourne dans des clapiers.

Pour les plaies, une aussi grande concentration est moins indispensable, et M. Dewandre recommande même de n'employer, lorsqu'elles ne sont point arrivées à la période de suppuration, que 100 grammes de sel pour deux litres d'eau (1). Sans abaisser autant le titre de la

(1) Dewandre, *loc. cit.*

solution, le chirurgien de l'hôpital Saint-Sauveur se sert, pour le premier pansement, dans les cas de grands traumatismes, d'une liqueur saline au quinzième. Le second pansement n'est fait que le 3ᵉ ou 4ᵉ jour, lorsque la suppuration est établie, et on emploie la solution au dixième.

La liqueur concentrée se prépare de la manière suivante : dans de l'eau chaude à 50° ou 60°, on verse la moitié de son poids de sel de cuisine qui se dissout en partie, et on la laisse reposer et refroidir jusqu'à 28° ou 30°, de façon que l'excès du produit minéral puisse gagner le fond du vase.

La solution ainsi obtenue à la température de 30° marque 18° à l'aréomètre de Baumé. A la température de 16°, elle a une densité égale à 16° Baumé ; 200 grammes de sel pour un litre d'eau à 15° ou au 5ᵉ, composent une liqueur non saturée marquant 15° de l'aréomètre ; 1000 parties d'eau et 100 de sel, ou au 10ᵉ, donnent 8° Baumé. On sait que 15 parties de sel pour 85 d'eau, ou au 6ᵉ, donnent une densité de 15° à l'aréomètre de Baumé, ou 1136. Comme la densité du pus est de 1040, on a une différence d'un dixième en faveur de la densité de la substance saline. Cette différence peut être de deux dixièmes, si on se sert d'une solution de 36 parties de sel pour 100 parties d'eau, ou au tiers. Dans ce cas, la densité est de 1240.

En résumé, nous pouvons affirmer que deux parties d'eau et une de sel marin sont les proportions qu'il est inutile de dépasser pour obtenir un liquide à l'état de saturation, tel qu'il est usité le plus ordinairement.

### B. — *Modes d'emploi.*

Les modes d'emploi de l'eau salée varient suivant que l'on veut faire le pansement des plaies ou le lavage des cavités purulentes.

Quelle que soit la solution que l'on emploie, il est de règle pour M. Houzé de l'Aulnoit de ne s'en servir qu'à une température tiède : on épargne ainsi aux blessés les douleurs vives que cause l'application du froid sur les plaies. On se met aussi à l'abri de ces paralysies partielles que Duchenne (de Boulogne) n'hésitait pas à attribuer à l'évaporation de l'eau, et que M. Ranvier déclare être dues à la pénétration de l'eau froide jusqu'au *cylinder axis,* dont elle coagule la substance (1).

Si la plaie est récente, on la débarrasse des caillots sanguins qui la souillent ; si elle suppure, on enlève les détritus organiques qui tapissent sa surface. Dans ce but, on fait tomber d'une hauteur assez grande, et cela au moyen d'une éponge ou d'un tampon de charpie, un filet d'eau salée, qui déterge les parties lésées. Quand ces impuretés sont trop adhérentes, on pousse, avec une forte seringue, un jet violent de la solution. On opère de la même façon lorsque la plaie a peu de vitalité, ou qu'elle offre des décollements de la peau, des trajets fistuleux, des anfractuosités. C'est surtout dans les fractures comminutives avec plaie que ce mode opératoire rend d'immenses services. (Obs. I).

Le pansement est fait ensuite au moyen de charpie imbibée de la solution, par-dessus laquelle on ajoute des

(1) Rochard. *Histoire de la chirurgie au XIX⁰ siècle*, page 662.

compresses en ayant soin de les maintenir constamment humides.

Pour le lavage des cavités purulentes, on emploie d'autres procédés.

Quand le foyer n'est pas ouvert, c'est ordinairement à l'appareil de M. Potain que l'on a recours, afin de retirer d'abord le liquide purulent. Puis, au moyen du même appareil, muni d'une pompe foulante, on injecte le liquide salin, que l'on retire ensuite par une nouvelle aspiration.

Si le foyer est ouvert, s'il renferme un drain ou une sonde de caoutchouc, on y pousse une injection avec la seringue à hydrocèle. L'aspiration du liquide n'a ici aucune importance, toutes les fois qu'une ouverture assez grande permet au pus de s'échapper librement sous la poussée de l'injection.

Dans certains cas, et surtout lorsqu'il s'agit de grands foyers, l'injection simple étant insuffisante pour nettoyer et désinfecter complètement les parois, on fait alors deux, trois ou même quatre injections suivies d'autant d'aspirations, jusqu'à ce que le liquide revienne presque incolore.

Ces procédés opératoires sont ceux qui ont donné les meilleurs résultats : ils enlèvent complètement les produits de suppuration, et soustraient par conséquent le patient à l'intoxication putride ; par leur application, les plaies bourgeonnent activement ; le pus prend un aspect de bonne nature, et l'on arrive sans inconvénient à la cicatrisation rapide, préoccupation constante du chirurgien.

# CHAPITRE III.

## Propriétés physiologiques et thérapeutiques de l'eau salée employée dans le pansement des plaies.

Nous avons déjà dit qu'une des conditions fondamentales de tout pansement était d'empêcher la décomposition des matières contenues dans la plaie. La décomposition s'annonce par une odeur fétide qui non seulement est l'indice d'un mauvais état local, mais encore réagit sur l'état général du malade. Dans ces conditions, peu à peu le pus change d'aspect, devient grisâtre, moins lié, il cesse d'être crémeux; très souvent aussi il est mélangé d'hématies.

L'eau salée prévient ou arrête cette décomposition. Nous en avons pour preuves l'expérience physiologique et l'observation clinique.

ODEUR. — En effet, le pansement à l'eau salée présente cet avantage au point de vue de l'hygiène qu'il enlève rapidement l'odeur des plaies les plus fétides. L'eau pure, même employée en irrigation continue, ne produit pas cet effet. L'eau-de-vie camphrée, l'alcool, l'acide phénique sont des désinfectants, mais ils ont l'inconvénient de déterminer des douleurs très-vives et de ne pouvoir évacuer le pus qui croupit dans des clapiers. L'acide phénique a un autre inconvénient, qui est d'irriter fortement les muqueuses nasale et pharyngienne ; il fait éternuer et tousser les assistants. L'eau salée ne présente aucun de ces inconvénients d'application.

ACTION SUR LE PUS. — C'est qu'en effet elle agit sur le pus par réaction chimique et non pas seulement en détergeant les tissus, comme nous le démontrerons dans le chapitre suivant.

Dans ces conditions le pus secreté à la surface des plaies devient jaune, opaque, crémeux, et prend tous les caractères du pus de bonne nature.

ACTION SUR LE SANG. — Mais il n'y a pas que le pus qui intervienne dans l'infection des plaies. La décomposition du sang a aussi une influence très-grande. En émettant cette idée nous ne faisons que suivre l'opinion de notre professeur, M. Houzé de l'Aulnoit, qui s'en est convaincu par une observation très-intéressante. Ayant un jour laissé du sang dans un flacon bouché, il constata qu'au bout de quelque temps il s'en dégageait une odeur infecte. La décomposition des globules rouges du sang dans les plaies avait du reste déjà été mentionnée. M. Ch. Robin attribue la coloration safranée du pus, qu'on rencontre quelquefois dans l'infection purulente ou sous l'influence de conditions générales mauvaises, au mélange avec le liquide de l'hématosine de globules rouges détruits. La coloration noire qui s'observe parfois dans le cas de carie des os, est due, d'après lui, à

l'altération des hématies qui sont mêlées au pus, altération qui se manifeste sous l'influence de la production
du sulfhydrate d'ammoniaque. L'influence nocive de la
décomposition du sang sur la surface des plaies ne nous
paraît donc pas douteuse. Or, l'action de l'eau salée
contre cette source d'infection est éminemment salutaire.
Cyr dit, en effet ( *Traité de l'alimentation*,
p. 128), que le chlorure de sodium servant de
dissolvant à la caséine et à l'albumine, concourt avec
cette dernière à prévenir la déformation des globules
sanguins et leur dissolution.

ACTION SUR LES PAROIS. — L'action de l'eau salée ne se
borne pas aux produits qui recouvrent la surface des
plaies ; elle n'est pas moins salutaire pour leurs parois.
Loin de les cautériser, comme le font l'acide phénique et
l'alcool ; loin aussi de les rendre blafardes comme l'eau
pure, elle les rend immédiatement rutilantes, comme
nous le voyons dans nos observations. Il y a donc encore
là une action de l'eau salée sur le sang, facile du
reste à vérifier par une expérience, comme en a eu
l'heureuse idée M. Houzé de l'Aulnoit.

A la suite d'une saignée pratiquée sur un malade de
son service, nous mîmes, d'après ses indications, le
sang recueilli dans deux flacons différents. A l'un fut
ajouté de l'eau pure, à l'autre de l'eau salée. Dans le
premier flacon ne se manifesta aucun phénomène anormal;
l'eau surnagea au-dessus du caillot, qui resta noirâtre.
Dans le deuxième, au contraire, le serum prit de
suite une teinte rutilante et devint un peu trouble. Le
caillot se désagrégea presqu'instantanément et se répandit
dans toute la masse du liquide. Il ne faut donc pas

s'étonner que l'écoulement sanguin qu'on observe
quelquefois en faisant le pansement à l'eau salée , surtout
à la suite d'injections fortement poussées au moyen de
la seringue, présente une coloration artérielle prononcée.

Le même phénomène se produit pour le sang noirâtre.
vicié, décomposé, qui recouvre les plaies. Il se détache
en petits grumeaux pourpres qui flottent sur l'eau du
réservoir (1).

Cette action instantanée rend bien compte de la ruti-
lance des plaies qu'on panse avec l'eau salée et est éminemment propre à leur permettre une évolution libre et
favorable. Nous avons déjà dit que le chlorure de sodium
est nécessaire à la composition du sang. Des expériences
intéressantes ont montré que les sels neutres et par conséquent le chlorure de sodium avaient une influence
notable sur l'artérialisation de ce liquide. C'est Liebig (2)
qui a signalé cet avantage du sel marin. Le chlorure de
sodium convertit en phosphate de soude une partie du
phosphate de chaux que les aliments ou la résorption
qui s'exerce dans les muscles font parvenir dans le sang.
Or, de tous les sels, le phosphate de soude est celui qui
se prête le mieux à l'élimination de l'acide carbonique ;
ce qui lui permet d'intervenir dans les phénomènes
de la respiration, et par suite, de la transformation du sang
noir en sang rouge.

On comprend que cette action sur le sang des tissus
qui forment le fond des plaies doit avoir une influence
très-favorable sur leur évolution. Nous donnons plus loin
des exemples de ce fait intéressant.

(1) Dewandre, *loc. cit.*
(2) Liebig. Sur les principes des liquides de la chair musculaire.
Traduction dans les *Annales de chimie et de physique*, tome XXIII, juin
1848, pages 186 et suivantes.

ACTION SUR LES BOURGEONS CHARNUS. —Dans ces conditions la suppuration reste toujours peu abondante et l'on voit rapidement arriver le bourgeonnement de la plaie. Les granulations rouges, fortement colorées, sont abondantes et ferment rapidement au pus les voies de l'absorption. C'est que l'eau salée agit sur leur évolution non-seulement grâce à son action sur le sang, mais aussi par une irritation à laquelle répondent des phénomènes de transformation intérieure.

En effet, d'après Cornil et Ranvier, (1) la structure des bourgeons charnus consiste d'abord en capillaires et en cellules embryonnaires, qui ensuite se transforment en un réseau de cellules plasmatiques, dont les mailles sont comblées par une substance amorphe et par des cellules rondes indépendantes du réseau plasmatique. Ces cellules peuvent être des cellules embryonnaires ou des globules de pus; et ces derniers sont en nombre variable, suivant la période de l'évolution des bourgeons. charnus, et suivant les variations de l'état du malade. Les globules de pus sont en grand nombre dans les bourgeons gris de mauvaise nature; ils sont au contraire peu abondants dans les bourgeons rosés.

Aussi longtemps que les bourgeons charnus contiennent des globules de pus, ils en secrètent à leur surface, et Cornil et Ranvier croient que ces globules de pus cheminent de la profondeur à la superficie, soit en vertu de de leurs mouvements amiboïdes, soit à l'aide d'un courant liquide qui, allant des capillaires à la surface des bourgeons charnus, entraînerait et balayerait sur son passage les éléments libres qu'il rencontre.

(1) Cornil et Ranvier. — *Manuel d'histologie pathologique*, pages 96 et suivantes.

« L'expérience , disent ces auteurs , semble démontrer
» ce fait ; lorsque , après avoir bien nettoyé une plaie ,
» on l'irrite en y mettant du chlorure de sodium, ou en
» approchant d'elle un fer chaud, on voit suinter des
» gouttelettes liquides à sa surface comme une rosée. »

D'où nous pouvons conclure (cette conclusion n'est que
l'explication des faits que nous avons observés), que l'application continue de l'eau salée sur les bourgeons charnus
favorise leur évolution de bonne nature par la diminution
progressive des globules purulents et le développement
parrallèle des capillaires.

Aussi la prolifération des bourgeons charnus est-elle
rapide. Les lèvres de la plaie ne tardent pas à se
rétracter et la cicatrisation arrive sans encombrer. —
C'est ainsi que dans l'observation N° V , nous avons
vu des adhésions de bourgeons charnus se faire au-dessus
d'un tissu mortifié.

Cette excitation physiologique de l'eau salée ne doit
produire et ne produit, en effet, aucune des sensations
vives propres aux caustiques. Il n'y a dans les cas de
plaie récente qu'une sensation légère de froid accompagnée de picotements. C'est tout au plus une douleur
légère qui a toujours été facilement supportée par tous
les blessés soumis au traitement, de sorte qu'on n'a jamais
dû le suspendre.

L'excellent pansement à l'eau simple employée en
irrigation continue pour le traitement des plaies contuses
des articulations devient détestable quand des bourgeons
charnus se sont formés dans la plaie. Le 18e ou 20e jour,
l'irrigation continue rend les tissus blafards et empêche
ou retarde la formation de la cicatrice.

FORMATION DE LA CICATRICE. — Lorsque la plaie commence à bourgeonner, l'eau salée bien que continuant son action excitante, ne cause plus de douleurs ; tandis que l'alcool, même mélangé dans la proportion de 1 pour 4 d'eau cautérise les plaies bourgeonnantes, produit des phlyctènes qui font pousser des cris aux blessés.

Nous avons un exemple frappant de ce fait dans l'observation N° I.

L'acide phénique est aussi à ce point de vue inférieur à l'eau salée ; car dans la proportion de 1 % il produit la sensation pénible de tous les styptiques, et en proportion plus forte, il produit une cautérisation qui peut avoir les plus fâcheuses conséquences. M. Léon Lefort (Congrès des sciences de Bruxelles, compte-rendu, p. 272), pense même que l'action irritante de l'acide carbolique pourrait bien être la cause d'un grand nombre d'érysipèles, de telle sorte que ce qu'on a regardé comme des cas d'érysipèles primitifs communiqués malgré l'usage de l'acide phénique, devrait être considéré comme érysipèles primitifs provoqués par l'usage même de l'acide phénique.

A ce propos qu'il me soit permis de citer un fait dont j'ai été témoin pendant la guerre en 1870-1871. Un brigadier d'artillerie, entré à l'hôpital militaire de Cambrai pour une fracture de l'humérus avec plaie par arme à feu, subit la résection sous-périostée de cet os sur une longueur de 9 centimètres.

L'opération réussit à souhait ; et le traitement, bien qu'entravé par diverses complications, entre autres la pourriture d'hôpital, avait surmonté tous les obstacles ; le blessé était en voie de guérison, lorsqu'un jour, à la suite du pansement du matin, la plaie devint blanche comme si on l'eût cautérisée avec le nitrate d'argent. Le soir même, le malade fut pris d'une fièvre intense. Il éprouva des frissons répétés suivis de délire et mourut le lendemain. Il fut reconnu, qu'au lieu d'employer la solution ordinaire d'acide phénique au 1/1000, comme on le faisait ordinairement pour le pansement des plaies, on avait employé, par erreur de l'infirmier chargé de préparer les médicaments, une solution d'acide phénique au 2/100 utilisé dans l'hôpital pour le lavage des parquets et la désinfection des salles.

L'eau salée n'offre pas cet inconvénient ; il n'y a avec cette substance aucune erreur de dose possible puisque nous l'employons saturée, et ses propriétés excitantes sur les plaies concordent heureusement avec la plus grande facilité d'application et l'absence de sensation douloureuse pour les malades.

La suppression de la douleur doit avoir une grande influence sur l'état moral du malade ; et ce n'est pas le seul effet général de l'eau salée. Chez beaucoup de malades on voit souvent se développer la fièvre, surtout dans les cas graves. Cet état fébrile s'accompagne d'anorexie et de soif ardente, quelquefois de diarrhée. La face prend cette teinte terreuse qui est en quelque sorte la caractéristique des blessures graves. Sous l'influence de l'eau salée tous ces phénomènes disparaissent rapidement pour faire place à un état physiologique meilleur ; la langue se nettoie, l'appétit renaît, la soif diminue et la diarrhée se suspend. Tous les organes de l'économie reprennent leur fonctionnement normal. C'est ce que nous avons observé chez le sieur Deneux (obs. I), chez lequel ces influences fâcheuses ont manqué complétement, et, malgré la gravité de la blessure, l'état général ne s'est pas altéré ou du moins, en quelques jours est redevenu aussi satisfaisant que possible.

Ce n'est pas seulement à l'amélioration physique et physiologique de la surface de la plaie que l'on doit attribuer ces phénomènes de réaction vitale. Il y a sous l'influence de ce traitement une absorption du sel marin qui réagit sur la nutrition générale comme sur la nutrition locale des bourgeons charnus.

Nous ne pouvons donc mieux terminer ce chapitre qu'en citant textuellement les lignes suivantes par lesquelles notre professeur, M. Houzé de l'Aulnoit, terminait une de ses dernières cliniques :

« Ce pansement si simple que nous mettons en pra-
» tique depuis près de trois ans et avec lequel nous
» avons traité plus de soixante opérés, sans observer la
» moindre complication, me paraît de nature à rendre
» de très-grands services, surtout aux blessés des
» champs de bataille ; il a pour conséquence d'activer la
» granulation des plaies, de s'opposer à la transforma-
» tion putride des globules purulents et d'empêcher la
» production de ces miasmes non moins délétères par
» leur absorption à la surface de la plaie que par la
» production autour des malades d'une atmosphère dont
» la fétidité est surtout pour nous une des causes les
» plus actives de la septicémie (1). »

Mais ce professeur, à la suite d'expérimentations cliniques, recommande de ne point recourir à l'emploi de l'eau salée à l'égard des plaies récentes et offrant une marche régulière au point de vue de la cicatrisation. A l'aide d'injections dans le tissu cellulaire, il a constaté l'action excitante et même irritante d'une solution au quart de chlorure de sodium.

(1) *Gazette médicale*, 12 juillet 1878.

# OBSERVATIONS

recueillies dans le service de M. le Professeur Houzé de l'Aulnoit.

---

### OBSERVATION I.

*Fracture compliquée de la jambe. — Résection du tibia. — Pansement à l'eau salée. — Guérison.*

( Observation due à M. RICHARD , interne du service
de M. Houzé de l'Aulnoit.)

---

Le 20 mai 1878, à quatre heures du matin, entre dans la salle Saint-Jean, n° 24, le nommé Deneux Auguste, 25 ans , peintre, demeurant rue Fontenoy, 8.

Ce malade fit à deux heures du matin une chute sur une pierre dans un fossé de 1 mètre de profondeur.

Nous constatons , au niveau de la partie moyenne de la jambe droite, une fracture comminutive des deux os de la jambe ; au niveau de la fracture, on perçoit manifestement la présence d'une esquille assez superficielle et volumineuse.

A 0ᵐ02, de la fracture, sur la face interne du tibia , se trouvent deux solutions de continuité nettement section-nées, qui communiquent avec le foyer de la fracture et d'où s'échappe une quantité assez considérable de sang noir.

La peau est décollée à la région antérieure dans une grande étendue ; elle est fortement tendue en arrière, les douleurs sont vives.

A l'arrivée du blessé, la jambe était placée dans un appareil de Scultet assez serré pour empêcher la mobilité des fragments. Nous desserrons l'appareil à quatre heures du matin et à huit heures, nous obturons la plaie avec des bandelettes de gaze imbibées de collodion et imbriquées.

*Application de l'appareil du docteur Demeunynck.* — Pouls, 76 ; temp. 38° 6. — Journée très-calme ; les douleurs disparaissent aussitôt après la pose de l'appareil.

21 mai. — Le pansement de la plaie fait dès l'arrivée du malade avec des compresses imbibées d'eau salée est continué. On enlève les bandelettes de gaze ; continuation de l'écoulement de sang. Sommeil, pas de selle, appétit, soif vive.

Pouls, 76 ; temp. 37° 9. journée tranquille. — Selle le soir.

22 mai. — Nuit calme, sommeil ; pas de douleur, pansement à l'eau salée, pas de rougeur ni de gonflement.

Pouls, 84 ; temp. 37° 8.

23 mai. — La température monte à 38° 2 le soir.

24 mai. — On commence à apercevoir un peu de suppuration au niveau des points sectionnés.

Pouls, 64 ; temp. 37° 8.

25 mai. — La suppuration devient plus abondante ; un peu de rougeur au niveau de la fracture.

Pouls, 64 ; temp. 37° 8.

L'état général se maintient excellent, mais la suppuration devient de plus en plus considérable ; le pus a une couleur chocolat, il est mal lié, un peu fétide. L'esquille devient de plus en plus superficielle et mobile.

2 juin. — Une incision est faite sur l'esquille qu'on retire à l'aide d'une forte pince.

L'esquille enlevée, on s'aperçoit que la fracture n'est pas entièrement réduite et que le fragment supérieur est situé au-dessus, en avant et en dedans du fragment inférieur. La réduction étant impossible, la résection est décidée. On dissèque, après avoir fait une incision de $0^m.03$, les parties molles situées sur la partie supérieure du fragment inférieur, en conservant la lamelle périostée, et, avec la scie à chaîne dirigée obliquement à droite et en dehors, on résèque une portion du tibia d'une longueur de $0^m.02$. La fracture est reconnue être de la variété dite en V de Gosselin.

On rapproche les fragments jusqu'au contact. Plumasseaux de charpie imbibés d'une solution concentrée de chlorure de sodium.

Souffrances assez vives pendant la journée jusque vers 4 heures; peau un peu chaude; pouls 104; temp. $38^o6$.

3 juin — Pas de sommeil; moins de douleur; pouls $108^o$; temp. $38^o,6$.

4 juin. — Sommeil; moins de douleur; langue blanche et humide; pouls $92^o$; temp. $39^o$.

5 juin. — Sommeil; pas de douleur sauf au talon; langue blanche et humide; pouls $76^o$; temp. $38^o4$.

6 juin. — On fait le pansement pour la première fois depuis la résection; suppuration abondante; la plaie bourgeonne très-bien. L'incision qui avait été faite au niveau de l'extrémité inférieure du fragment supérieur commence à laisser écouler du pus; pas trop de rougeur sauf à la partie externe où existe un petit clapier, qu'on vide facilement par la pression du pus qu'il contient. Etat général assez satisfaisant; fonctions digestives régulières; pouls $104^o$; temp. $38^o6$.

7 et 8 juin. — On n'observe rien de particulier.

9 juin. — Des douleurs assez vives au niveau du cou-de-pied et au niveau de la fracture se font sentir pendant la nuit; pouls $108^o$; temp. $38^o8$,. Après avoir enlevé les linges de pansement qui sont remplis de pus, on constate au niveau de la

partie externe et moyenne de la jambe, de la rougeur, de l'empâtement et de la douleur. Le stylet introduit indique la présence d'une fusée. Une incision faite sur le stylet laisse écouler une quantité assez considérable de pus. Après le pansement fait à l'eau salée, le blessé se plaint de douleurs vives.

10 juin. — Pouls 100° ; temp. 39°,9. On refait le pansement et on ne voit rien de particulier qui puisse expliquer cette température.

11 juin. — Lavage à l'eau alcoolisée, douleur très-vive qui arrache des cris au malade. Pansement à l'eau salée. Rien de particulier ; pouls 96° ; temp. 38°8.

12 et 13 juin. — L'état général est satisfaisant.

14 juin. — On constate que les bords de la plaie ont un aspect grisâtre et que les bourgeons charnus sont recouverts d'un enduit pultacé. Pas de rougeur, ni de gonflement. Suppuration très-abondante.

16 juin. — Nouveau pansement à l'eau salée. L'enduit grisâtre a complètement disparu, les bourgeons charnus sont rouges, vivaces, un peu saignants. Le fragment supérieur s'est porté en dehors et le pied dans la rotation en dedans. On fait la réduction et le membre est immobilisé de nouveau à l'aide de l'appareil Demeunynck.

18 juin. — Disparition de l'état phlegmoneux, coloration normale, pas d'œdème, pas de chaleur. Sécrétion assez abondante par la plaie qui communique avec le foyer de fracture. Le fond de la plaie bourgeonne activement et le doigt promené dans son intérieur ne perçoit plus les extrémités osseuses ; les parois sont recouvertes de granulations qui saignent très-facilement et qui se trouvent en voie d'organisation ; par le drain s'écoule un peu de liquide purulent et à la fin du pansement un liquide légèrement sanguinolent. Lavages avec injections d'eau salée tiède et pansement avec plumasseaux de charpie trempés dans le même liquide. En soulevant le membre pour le mettre dans

l'appareil, nous reconnaissons qu'il y a un peu de consolidation
et de résistance au foyer de la fracture. Le membre après avoir
été entouré de son appareil de Scultet est replacé dans l'appareil Demeunynck. Etat général assez satisfaisant; pouls 76°;
temp. 37°,9. Langue normale. Le malade n'accuse que de la
lourdeur dans le membre après le pansement et éprouve, d'après
son expression, une sensation de chatouillement qui lui est
agréable.

19 juin. — État fort satisfaisant.

20 juin. — Sommeil un peu agité. Douleurs assez violentes
au talon ; temp. 38°,4.

Au 1ᵉʳ août, la suppuration est presque tarie ; la plaie est fer-
mée complètement, et on ne remarque plus qu'à son centre deux
bourgeons charnus exubérants, que l'on réprime par le nitrate
d'argent. Un cal fibreux s'est formé, et le 16 août, la plaie
étant totalement cicatrisée, on applique un appareil inamovible
silicaté qui permettra au blessé de se lever d'ici peu de jours.

## OBSERVATION II.

*Évidement du tibia gauche chez un jeune homme
de seize ans atteint d'ostéite épiphysaire double, avec sequestre invaginé dans l'intérieur
de la diaphyse. — Pansement à l'eau salée. —
Guérison.*

(Observation recueillie par M. MARTIN, interne du service.)

Au n° 21 de la salle Saint-Jean, à l'hôpital Saint-Sauveur,
est couché Auguste Valgrave, âgé de 16 ans, exerçant la pro-
fession de tisserand.

Ce jeune garçon, de constitution lymphatique, est entré à l'hôpital le 3 avril 1878, pour une affection de la jambe qui remonte à un an environ. Il nous raconte qu'il fut alors atteint d'une fièvre qui dura quarante jours, mais dont il ne peut préciser la nature. Pendant la convalescence, se déclara une tuméfaction du pied et de la jambe gauches, accompagnée de douleurs vives, lancinantes, qui l'obligèrent à observer un repos complet. Trois incisions furent pratiquées : une sur le dos-du-pied à un travers de doigt en arrière du quatrième orteil ; la seconde à la partie supérieure de la jambe, la troisième au tiers inférieur. Il s'en écoula du pus épais et mêlé de sang en assez grande abondance.

La plaie du pied se cicatrisa avec adhérence aux os du métatarse. Les deux autres devinrent fistuleuses et persistent encore au moment de l'entrée à l'hôpital. Tout le membre est le siége d'un phlegmon érysipélateux. Quatre fistules sont visibles au tiers inférieur du tibia, deux au tiers supérieur, à deux travers de doigt au-dessous du tubercule d'insertion du ligament rotulien. Les bords de ces fistules sont violacés, et d'une sensibilité très-grande au toucher.

Par ces ouvertures, on introduit un stylet qui arrive sur le tibia. L'introduction du stylet au niveau du tiers inférieur et interne donne lieu à l'écoulement de quelques gouttes de sang noirâtre. Un autre stylet pénètre dans la cavité diaphysaire, et par sa pression fait éprouver au premier de légères oscillations.

Le diagnostic, porté par M. Houzé de l'Aulnoit, est celui d'une ostéite épiphysaire double, compliquée d'une nécrose invaginée dans le corps du tibia.

L'évidement de l'os est reconnu nécessaire pour obtenir la guérison.

On prescrit une alimentation tonique, du vin de quinquina, de l'huile de foie de morue.

L'opération eut lieu le 8 avril. Le refoulement du sang fut

fait au moyen d'une bande en caoutchouc. L'anesthésie par le chloroforme est rendue difficile par une hypersécrétion bronchique qui menace d'asphyxier le patient. La bande réglementée obtient une parfaite ischémie à l'aide de quatre circulaires autour du tiers inférieur de la cuisse.

Une incision verticale de 15 centimètres environ réunit les deux fistules inférieures, à chaque extrémité de cette ligne, deux incisions perpendiculaires de 3 à 4 centimètres d'étendue sont pratiquées pour pouvoir relever les lambeaux et arriver directement sur la face antérieure du tibia. Celui-ci, mis à découvert, présente deux ouvertures d'un centimètre de diamètre environ, qui donnent accès dans la cavité médullaire. L'étui osseux de l'épaisseur d'un doigt, qui réunit ces deux ouvertures, est enlevé à l'aide de la gouge et du maillet. Sous la partie enlevée, existe un séquestre mobile de 10 centimètres de longueur, qui est extrait immédiatement. L'épiphyse inférieure du tibia offre une cavité grisâtre creusée dans le tissu spongieux de la malléole interne, et qui est le siége d'un abcès. Toute la paroi du canal médullaire est nettoyée à l'aide de la rugine. Dans ce canal, existe une ostéite condensante qui est un obstacle à la rapidité de l'opération.

Cette première opération terminée, on procède à la réapplication des lambeaux qui sont réunis par trois points de suture.

Au tiers supérieur du tibia, on pratique une incision verticale, croisée à sa partie supérieure d'une incision en T. L'écartement des lambeaux cutanés découvre la face antérieure du tibia, qui est le siége de quatre foyers purulents situés dans l'épaisseur de l'os. Le stylet introduit dans ces foyers démontre qu'ils sont petits, quoique pénétrant dans la cavité médullaire.

Toute la partie antérieure de l'os, correspondant à l'incision, est enlevée à la rugine, sur une étendue de 8 cent. de longueur sur 1 cent. et demi de largeur.

Les deux plaies sont pansées avec de la charpie sèche. Il n'y a pas eu d'écoulement de sang pendant l'opération ; on fait le pansement à la période ischémique, et on maintient el membre dans une direction verticale. On enlève la bande en caoutchouc qui est restée appliquée pendant une heure et demie qu'a duré l'opération. Le lendemain, le pansement n'était souillé que par une très-petite quantité de sang.

9 avril. — L'opéré n'a pas dormi, et s'est plaint toute la nuit. La langue est rosée et humide.

Pouls, 110; temp., 39°.

L'élévation du membre a amené une légère fatigue qui cesse par le retour du membre à une position presque horizontale.

Sensibilité assez vive du talon. Élancements douloureux le long de la diaphyse du tibia.

Le soir le ventre est un peu ballonné; des douleurs se sont produites dans les hypocondres. Le malade éprouve le long de la jambe opérée des sensations qu'il compare à un cercle de fer qui serrerait peu à peu tous les tissus.

10 avril. — Nuit agitée, avec souffrances vives.

Pouls, 116; temp., 39°4.

On enlève les parties superficielles du pansement, qui sont dures et sèches. Il s'en dégage une odeur très-forte, due à la suppuration.

Les pièces de pansement laissées en place sont arrosées d'eau salée, marquant 17° à l'aréomètre de Baumé. Le pansement est complété par de la charpie et des compresses imbibées de la même solution. Les douleurs ont disparu au bout d'une demi heure.

11 avril. — Pouls, 84; temp., 37°8.

Aucune douleur n'a reparu. L'odeur de la suppuration est ə sez prononcée.

12 avril. — La suppuration est abondante; elle a traversé toutes les pièces du pansement. Celui-ci est enlevé complètement, et l'on fait une injection de permanganate de potasse.

Le pansement est fait au moyen de charpie imbibée d'eau salée à 17° Baumé.

Pouls, 96 ; temp., 37°8.

Les jours suivants, des injections d'eau salée rejettent le pus qui infiltre les foyers purulents des épiphyses et de la diaphyse.

20 avril. — La température se maintient aux environs de 37° le matin avec augmentation d'un degré vers le soir. Le pansement à l'eau salée a été renouvelé tous les jours. La plaie est rosée, les bourgeons charnus sont pleins de vitalité, et recouvrent toute la substance osseuse précédemment dénudée.

22 avril. — Suppuration abondante presque inodore.
Il n'existe plus aucun symptôme fébrile.

28 avril. — Il n'y a plus qu'une suppuration peu abondante, qui a pris une teinte presque verdâtre.

Le 6 mai, on enlève avec les doigts, deux lamelles osseuses nécrosées, limitant la bordure de l'épiphyse supérieure. Les granulations osseuses sont épaisses, rougeâtres, et font saillie au-dessus du tissu osseux. Le pansement est toujours fait à l'eau salée ; il produit des picotements qui durent pendant cinq minutes environ.

Le 30 juin, la cicatrisation est complète, le malade se promène dans les salles ; il sortira guéri d'ici peu de jours. Son état général est excellent, et le teint a pris une coloration rosée.

## OBSERVATION III.

*Synovite fongueuse de la bourse séreuse du grand
trochanter, avec fusées sous le muscle grand-
fessier. — Opération. — Pansements et injections à l'eau salée. — Guérison.*

(Observation due à M. MARTIN, interne du service
de M. Houzé de l'Aulnoit.)

Jean Millot, 18 ans, tisseur, de bonne constitution, entre à
l'hôpital Saint-Sauveur, salle Saint-Jean, nº 5, le 28 mars
1878, pour une affection qui date de vingt-huit mois et qui
siége au niveau du grand trochanter gauche. La lésion qui
l'amène est due à une chute.

Six mois après l'accident, une tuméfaction se développa en
ce point. Une incision, faite avec le bistouri, provoqua l'écoulement d'une quantité considérable de pus et l'élimination
d'une portion de tissu gangrené, du volume d'un petit œuf de
poule. Sept semaines plus tard la cicatrisation était complète.

Trois mois se passèrent ; mais alors s'établirent deux fistules
qui existent encore à l'entrée à l'hôpital. Elles siégent l'une
au-dessus de l'autre, au niveau du grand trochanter ; une ligne
cicatricielle de 0ᵐ06 les réunit. Six centimètres plus bas on
aperçoit une cicatrice déprimée, adhérente à l'aponévrose
fémorale. Les orifices des deux fistules adhèrent également aux
parties profondes et laissent écouler un liquide séro-purulent
mêlé de grumeaux pultacés.

Le stylet, introduit dans l'orifice inférieur, se dirige en
arrière et en haut, sur un trajet de cinq centimètres, immédia-

tement sous la peau. Dans l'orifice supérieur, il s'enfonce perpendiculairement à une profondeur de sept centimètres.

Pas de douleur ni de claudication. Toutes les fonctions des
membres sont conservées.

Le diagnostic est celui d'une inflammation de la bourse
séreuse trochantérienne avec fusée sous le grand-fessier.

Des cataplasmes sont appliqués sur la région malade. L'opération est pratiquée, le 8 avril, après refoulement du sang par
la bande de caoutchouc et anesthésie chloroformique.

Une incision verticale de quinze centimètres, coupée à sa
partie supérieure par une incision perpendiculaire de dix centimètres, permet, après dissection des lambeaux, d'arriver sur
la bourse trochantérienne, immédiatement située au-dessous
du muscle grand fessier. Cette bourse est comblée par un
tissu fongueux, lardacé, analogue aux fongosités d'une tumeur
blanche.

Le tissu est enlevé par excision avec les ciseaux.

Pansement à la charpie sèche. Enlèvement de la bande
règlementée. Pas d'hémorrhagie.

9 avril. — Le malade a passé une nuit calme, quoique
sans sommeil. L'appétit se maintient et le malade ne paraît pas
avoir subi une opération.
Pouls, 95 ; temp. 39°.

10 avril. — L'opéré a souffert un peu ; néanmoins il a dormi
presque toute la nuit.
Pouls, 108 ; temp. 38°4.

12 avril. — Pouls, 88 ; temp. 38.
La nuit a été calme ; l'appétit est excellent.
Le pansement est enlevé ; il exhale une odeur forte que l'on
combat par la buée de Lister.
La suppuration est abondante. La plaie est lavée et pansée

au moyen de l'eau salée. Réapplication d'un spica de l'aine qui immobilise le membre.

13 avril. — La plaie bourgeonne et présente un aspect rosé. La douleur a disparu. Pansement, après lavage, à l'eau salée. Pouls, 84; temp. 37°5.

14 avril. — Même état de la plaie. Même pansement.

15 et 16 avril. — La température est presque normale. Le malade mange avec appétit et ne ressent aucune douleur. Le pansement ne le fait nullement souffrir.

20 avril. — Les lambeaux sont parfaitement réunis dans la profondeur de la plaie, qui bourgeonne et marche rapidement à la cicatrisation.

La suppuration est abondante et la mauvaise odeur que le pansement répand au bout de deux jours fait décider qu'on le répètera tous les matins.

Le 7 mai, la plaie n'a plus que sept centimètres de longueur sur huit centimètres de diamètre transversal.

10 juin. — La plaie est plate et considérablement rétrécie Suppression de l'eau salée à cause de l'exubérance des bourgeons charnus. Pansement simple.

15 juillet. — L'opéré quitte l'hôpital parfaitement guéri.

### OBSERVATION IV.

*Hygroma suppuré de la bourse trochantérienne droite avec fongosités et trajets fistuleux multiples sous le grand-fessier. — Extirpation des fongosités. — Drainage. — Injection et pansement avec l'eau salée.*

(Observation due à M. Houzé de l'Aulnoit.)

———

Quicampoix, Charles, apprenti pâtissier, âgé de 15 ans, est entré à l'hôpital Saint-Sauveur, salle Saint-Louis, dans le service de clinique de M. Houzé de l'Aulnoit, le 10 mai 1878.

Il y a six ans environ qu'il fit une chute sur le côté droit. Quelques mois après cet accident, une collection purulente se montra vers le quart supérieur de la face externe de la cuisse. Cet abcès fut incisé par M. le professeur Morisson. Quelques semaines plus tard, un nouveau foyer purulent se forma en arrière du grand trochanter, et fut ouvert par le même chirurgien.

Un mois après, le blessé était guéri et quittait l'hôpital.

Jusqu'au 7 mai 1878, ce jeune homme continue de marcher chaque jour, mais non sans peine, car il y a de la raideur dans la hanche et la colonne vertébrale.

Le 10 mai, il existe une perforation de la peau, donnant lieu à un abondant écoulement purulent au niveau du grand trochanter.

Le stylet s'enfonce perpendiculairement dans la fosse iliaque externe à une profondeur de 10 cent. en arrière, à 4 cent. en bas, et à 2 cent. en avant du grand trochanter.

Les ganglions du pli de l'aîne sont engorgés.

Le malade étant couché, on reconnaît un raccourcissement d'un centimètre du membre affecté, qui est amaigri. Les mouvements de la cuisse sont très-amoindris, surtout les mouvements de flexion et de circumduction. Ce dernier est tout-à-fait impossible.

Dans la station debout, on remarque l'effacement du pli fessier, avec élargissement de la fesse, la cambrure de la colonne vertébrale, sans inclinaison du bassin. Le muscle *fascia lata* est retracté, et il existe une ankylose incomplète de l'articulation coxo-fémorale.

On diagnostique une inflammation chronique de la bourse séreuse trochantérienne avec production de fongosités et arthrite sèche de l'articulation coxo-fémorale.

L'opération eut lieu le 12 mai.

Une incision fut faite à la partie moyenne de la face externe du grand trochanter, partant du trajet supérieur et ayant une longueur d'au moins 10 centimètres. Une incision transversale fut faite à l'extrêmité supérieure de la première, et par l'ouverture ainsi obtenue, on excisa, avec le bistouri, les ciseaux et le périostéotome, une couche de fongosités d'au moins un doigt d'épaisseur.

Un drain fut placé à la partie supérieure de la plaie, et vint ressortir par la fistule postérieure agrandie, au niveau de l'articulation sacro-iliaque.

Le pansement fut fait au moyen de l'eau salée, de plumasseaux de charpie et d'un spica.

Jusqu'à trois heures, des douleurs et du malaise se firent sentir. La soirée fut assez bonne, la nuit calme.

Le 13, pouls 110; temp., 39°2. Fièvre assez prononcée, sans frissons. Il y a un peu d'accablement.

Les jours suivants, la fièvre tombe, et aucun accident ne se produit. Le pansement est continué avec l'eau salée, injectée dans le drain, et baignant des plumasseaux de charpie. La suppuration s'établit franchement, et s'écoule par le drain.

A la fin de juillet, on a retiré le drain et on l'a remplacé par un simple fil de lin. La suppuration, quoique encore abondante, a beaucoup diminué.

Aujourd'hui 5 août, notre opéré est en bonne voie de guérison, et sa plaie est réduite à une simple fistule qui se rétrécit de plus en plus, et sera bientôt cicatrisée. La plaie extérieure est complètement guérie.

---

### OBSERVATION V.

*Anthrax diffus occupant toute la région posté-rieure du cou chez un homme de 57 ans. — Incisions multiples. — Pansement à l'eau salée. — Guérison.*

(Observation personnelle.)

---

Le 12 juillet 1878, entrait à l'hôpital St-Sauveur, salle St-Jean, N° 5, le nommé Journé, Julien, âgé de 57 ans, vernisseur sur tôle. Cet homme, de constitution robuste, n'a jamais eu d'autre maladie qu'une attaque de choléra, lors de l'épidémie de 1866.

Sept jours avant son entrée à l'hôpital, c'est-à-dire le 5 juillet, il s'aperçut qu'il portait sur la nuque un petit bouton douloureux. Il continua son travail, mais il fut forcé de l'interrompre après une journée et demie. A ce moment, le bouton avait augmenté de volume, la douleur était vive, et empêchait les mouvements de la tête. Diminution de l'appétit.

soif vive, selles régulières. La nuit, le malade ne dormait pas, et avait d'abondantes sueurs.

A cette époque, le traitement se borna à un morceau de diachylon appliqué sur la tumeur.

Le 12, voyant que la douleur devenait plus vive, que la fièvre était intense, et que la tuméfaction gagnait toujours en étendue, le malade se décida à entrer à l'hôpital. Dès son entrée, on lui fit appliquer des cataplasmes, mais l'intensité de la douleur l'empêchait de les maintenir en place plus de cinq minutes.

Le 13, à la visite, fièvre intense, peau chaude et moite, pouls à 96. La soif est vive, l'appétit diminue; cependant le malade a toujours continué à manger.

Du côté de la nuque, on trouve une tumeur un peu aplatie, ayant environ 12 centimètres de diamètre. Elle est recouverte par la peau qui est d'un rouge foncé, dure, et fortement tendue. Au centre, se trouve une ouverture qui laisse suinter un liquide purulent. Sur d'autres points, on voit également s'ouvrir de petits pertuis donnant lieu à un écoulement semblable, et qui ont une tendance à former une sorte de guêpier, ainsi que cela se produit dans l'anthrax diffus.

Le malade ne peut remuer la tête, à cause de la douleur.

M. le professeur Houzé de l'Aulnoit pratique immédiatement cinq incisions verticales, très-profondes, qui intéressent tout le tissu cellulaire enflammé, distantes l'une de l'autre de deux centimètres et d'une longueur de 12 centimètres. Le malade déclare que la douleur qu'il éprouvait dans la région de la nuque a instantanément diminué.

Le pansement est fait rapidement au moyen de mèches de charpie, trempées dans l'eau salée à 30° centigrades, et introduites dans les incisions. On applique au-dessus des plumasseaux de charpie imbibés de la même solution, que l'on maintient avec une bande.

Le 14, la fièvre a un peu diminué : Pouls 90, température

de la peau moins élevée, les sueurs sont moins abondantes, mais la soif persiste et l'appétit ne revient pas.

L'analyse de l'urine, faite par M. Richard, interne du service, n'a révélé ni sucre ni albumine.

La plaie commence à laisser écouler abondamment un liquide séro-purulent et jaunâtre.

Le pansement est fait de la même façon que le jour précédent avec l'eau salée tiède à 30°.

Le 15, l'état général est le même que la veille. Au point de vue local, on constate l'existence de points rougeâtres et saillants sous le tissu cutané qui sépare les incisions.

Même pansement.

Le 17, l'état général a peu varié : le pouls est à 96, les sueurs ont disparu, la soif persiste, mais l'appétit ne revient pas : le malade se force pour manger.

La plaie commence à se déterger, et dans le fond des incisions, on voit apparaître quelques points rouges.

Sur les lambeaux qui séparent les incisions, les points rouges et tuméfiés sont devenus grisâtres ; ils donnent, en outre, une sensation de ramollissement.

La tuméfaction est limitée par un bourrelet saillant sur tout son pourtour, excepté à la partie droite où elle paraît vouloir s'étendre encore sur le côté du cou et où il y a toujours de la douleur.

Le 19, la fièvre a un peu diminué : Pouls, 88. Les clapiers dans lesquels s'est produit le ramollissement commencent à s'ouvrir.

Le 20, la portion de tissu qui est comprise entre les deux incisions gauches se mortifie et tombe, laissant au fond de la plaie des lambeaux de tissu cellulaire sphacelé, mais adhérents par leur face profonde aux tissus sains. Pansement à plat avec l'eau salée.

Le 22, état général satisfaisant.

La suppuration est abondante ; les plaies se nettoient et

commencent à granuler dans les points où ont porté les incisions.

Le 23, les injections à l'eau salée tiède, faites au moyen de la seringue, détachent de nouvelles eschares. On commence à relever le bourrelet inférieur sur la plaie pour que la cicatrisation se fasse le plus haut possible. Pour cela on place au-dessous des plumasseaux de charpie que l'on maintient avec une bande.

Le 25, il n'y a plus de fièvre ; pas de chaleur à la peau. Pouls, 80. La plaie est en bon état ; les tissus sphacelés sont détachés et n'adhèrent plus qu'à la partie supérieure d'où on les détache avec les ciseaux. Le plaie apparaît alors rouge et granuleuse. Partout la peau est décollée et le liquide injecté communique largement d'une incision à l'autre Les granulations se rejoignent au-dessus du tissu sphacelé dans la 5e incision à droite.

A droite, la partie non incisée se troue en guêpier : on l'incise. En ce point, la peau est fortement vascularisée ; il se produit un écoulement de sang assez notable. Cette incision est pansée avec une mêche imbibée d'eau salée froide. Le reste de la plaie est pansé, comme de coutume, à l'eau salée tiède.

Actuellement, 16 août, le malade est en parfaite voie de guérison ; la plaie s'est rapidement rétrécie et la cicatrisation est à peu près complète.

Le malade se lève, mange avec appétit et ses fonctions s'accomplissent d'une manière régulière.

### OBSERVATION VI.

*Carie fongueuse du premier métatarsien droit chez un enfant de huit ans. — Désarticulation par la méthode sous-périostée. — Hémostase naturelle à la période anémique. — Pansement à l'eau salée. — Guérison.*

(Observation due à M. RICHARD, interne du service
de M. Houzé de l'Aulnoit.)

Le 26 avril entre dans le service de M. Houzé de l'Aulnoit, salle Saint-Jean, n° 13, le nommé Delécaille Alphonse, âgé de 8 ans.

Cet enfant est atteint d'une carie fongueuse du premier métatarsien droit. L'affection, d'après les renseignements qu'il nous fournit, remonte à trois ans. Le début a été très-lent; le malade souffrait de picotements dans la journée; la nuit, des douleurs assez vives pour amener l'insomnie se faisaient sentir. Bientôt la région des métatarsiens du pied droit se gonfle et devient rouge. La marche devient impossible et l'enfant, qui était en pension, entre à l'infirmerie. A cette époque, trois ouvertures fistuleuses se formèrent : une au niveau du premier métatarsien, deux autres distantes de 0,01 centimètre au niveau du deuxième métatarsien. Au moment de son entrée à l'hôpital, les deux trajets fistuleux du deuxième métatarsien sont cicatrisés; le stylet introduit dans la première fistule permet d'arriver directement sur une surface osseuse, dénudée, excavée, complètement cariée au niveau de la partie externe de l'extrémité antérieure du premier métatarsien, car l'instrument permet de percevoir des masses fongueuses et raréfiées du tissu osseux qu'il transperce très-facilement. La suppuration est abondante et fétide. Malgré cela, l'état général de l'enfant est excelleut, le tissu cellulo-graisseux a un développement assez abondant, les fonctions sont régulières, et il n'y a aucune trace de fistule apparente dans une autre partie du corps.

L'enfant est soumis dès son entrée à un traitement général complet : huile de foie morue, vin de quinquina, sirop d'iodure de fer, bains sulfureux. Au début, application de cataplasmes contre la rougeur et le gonflement. Le 3 mai, on applique un appareil inamovible ouaté et dextriné, qu'on remplace, au bout de quinze jours, par un appareil silicaté.

Comme la suppuration devenait de plus en plus abondante, une opération fut résolue ; la nature de cette opération devait dépendre de l'état de l'os malade.

Le 30 mai, l'enfant est soumis à l'action du chloroforme. Le refoulement du sang se fait dans le membre malade avec une bande en caoutchouc et l'ischémie est pratiquée au tiers inférieur de la cuisse au moyen de la bande réglementée que l'on enroule quatre fois autour du membre.

Une incision partant du premier espace inter-osseux se porte directement en arrière, parallèlement à l'axe du pied jusqu'au niveau de l'articulation du premier métatarsien avec le premier cunéiforme. Saisissant le lambeau, on le dissèque jusqu'aux os qu'on sépare de leur périoste ; le premier métatarsien est ainsi mis à nu et laisse apercevoir une carie fongueuse qui a détruit toute la circonféence de l'os et s'étend en arrière jusqu'au niveau du tiers postérieur.

On fait l'évidement avec une rugine, mais reconnaissant que l'os est trop malade, l'amputation au niveau de la réunion du tiers postérieur avec les deux tiers antérieurs est décidée. L'incision qui longeait l'os à la partie externe, est continuée sur la région plantaire jusqu'au niveau de l'extrémité postérieure du premier métatarsien, après avoir contourné en avant et en dedans la base de l'orteil ; on dissèque la peau en conservant le

périoste et on fait ainsi un vaste lambeau interne muni de sa
lamelle périostée ; l'amputation de l'os faite, on s'aperçoit que
le tissu spongieux a subi une dégénérescence graisseuse complète, qu'il y a même quelques gouttes de pus et la désarticulation reconnue nécessaire est pratiquée immédiatement.
L'opération avait duré vingt-cinq minutes sans aucun écoulement de sang. On ne fait aucune ligature, on rapproche le
lambeau interne à l'aide de bandelettes de diachylon modéré-
ment serrées et formant cuirasse, on applique des plumasseaux
de charpie imbibés d'une solution concentrée de chlorure de
sodium, puis de la ouate et des bandes. On immobilise le
membre dans une gouttière et on le maintient dans une position
verticale. On défait seulement alors la bande ischémique. Le
membre prend une coloration scarlatiniforme, puis rubéolique.
L'enfant reste trois quarts d'heure dans la salle d'opération sous
la garde d'un interne. On le transporte alors dans son lit, sans
aucune tache de sang dans le pansement.

Jusqu'à deux heures de l'après-midi, l'enfant est sous l'influence d'une surexcitation nerveuse excessive; il est agité,
pousse des cris, et des mouvements presque convulsifs.
Potion avec 30 grammes de sirop de pavot et dix gouttes
d'éther sulfurique. A partir de deux heures, l'enfant se calme.
Le soir, à la contre-visite, les douleurs ont disparu, le facies
est normal ; pouls 120° ; temp. 37°,8.

Le 1er juin. — Le malade ressent peu de douleurs. Le
membre est mis dans une position peu élevée ; pouls 112° ;
temp. 38° 2.

Le 2 juin et les jours suivants , le sommeil de l'enfant est
un peu agité ; pourtant les douleurs sont peu vives et la fièvre
reste la même qu'au premier jour.

Le 5 juin on fait un pansement complet avec de la
charpie imbibée d'eau salée. La suppuration est assez abondante. Pas de traces de sang sur les pièces à pansement ni

sur la cuirasse de diachylon. L'extrémité antérieure du moignon a une coloration noirâtre. Les parties profondes sont réunies par première intention. Pas de rougeur ni de gonflement. État général excellent ; pouls 104° ; temp. 37°,9.

Le 6 juin. — Insomnie due à la douleur.

Le 7 juin on refait le pansement. La petite eschare commence à s'entourer de son sillon inflammatoire et éliminateur. Un peu de rougeur avec empâtement au niveau du cou-de-pied. Granulation des bords de la plaie qui seuls ne sont pas réunis. Suppuration assez abondante et de bonne nature. Pansement à l'eau salée et immobilisation. Etat général excellent ; pouls 120 ; temp. 38°,4.

Le 8 juin on renouvelle le pansement à cause des violentes douleurs que le malade ressent au cou-de-pied, dues à un petit abcès que l'on incise. L'eschare tombe et laisse voir une petite surface bien bourgeonnante.

Le 9 juin. — Le malade est beaucoup mieux. Les douleurs ont disparu. L'amélioration continue.

Le pansement a toujours été fait de la même façon, au moyen de l'eau salée ; la cicatrisation s'est produite normalement, et le petit opéré est sorti de l'hôpital parfaitement guéri et marchant sans difficulté, le 8 août.

*Réflexions.*—Si le lambeau ne s'est pas gangrené, et a pu contracter adhérence avec les parties profondes malgré la dépression occasionnée par la saillie du premier cunéiforme, on doit l'attribuer à ce qu'il se trouvait, grâce à la conservation du périoste, composé de toute son épaisseur.

Dans cette observation, le pansement à l'eau salée a eu pour conséquence, ainsi que dans l'observation VII, de diminuer la fétidité qu'aurait pu produire le sphacèle de l'extrémité antérieure du lambeau, et d'activer la formation des granulations.

On doit attribuer la gangrène de la partie antérieure du lambeau à ce que, dans ce point, par suite de la section oblique des téguments, on n'avait pû conserver une partie du périoste.

Le procédé opératoire suivi par le chirurgien nous parait préférable à l'incision linéaire le long du métatarsien, qui ne permet qu'avec les plus grandes difficultés de désarticuler l'extrémité postérieure du premier métatarsien quand la carie occupe toute la longueur de l'os.

A la suite d'une semblable opération, on ne saurait trop insister sur les avantages de l'immobilisation complète et absolue du membre pour s'opposer à la propagation des fusées purulentes le long des gaînes tendineuses.

Malgré la section des tendons extenseurs et fléchisseurs du gros orteil, les mouvements du pied ne se trouvaient nullement gênés dans la marche.

### OBSERVATION VII.

*Plaie contuse avec écrasement de l'index et du médius droits chez un homme de 23 ans. — Désarticulation de l'index. — Ischémie réglementée. — Hémostase naturelle à la période anémique. — Pansements à l'eau salée. — Guérison.*

(Observation due à M. RICHARD, interne du service.)

Le 21 juin 1878, est entré à l'hôpital Saint-Sauveur, salle Saint-Jean, N° 15, dans le service de M. Houzé de l'Aulnoit, le nommé Alexandre Geyser, âgé de 23 ans, dont la main droite a été prise dans un engrenage.

L'hémorrhagie ayant été arrêtée par la compression avec la bande en caoutchouc réglementée, on constate un écrasement complet de la phalangine et de la phalangette de l'index, ainsi que la dénudation de la première phalange du médius.

On pratique la désarticulation métacarpo-phalangienne de l'index, en prenant un grand lambeau latéral externe. Ce lambeau est porté en dedans sur le dos de la main, pour recouvrir par autoplastie la phalange dénudée du médius. Après avoir appliqué quatre points de suture, on fait le pansement à la période anémique, et le membre est maintenu dans la position verticale. Aucune hémorrhagie ne s'est produite. Pansement à l'eau salée.

Le 22, on cesse la position élevée qui fatigue le blessé, et l'on renouvelle les pièces superficielles du pansement.

Pouls, 92; temp., 38°.

Le 23, le malade a dormi; il éprouve peu de douleur; néanmoins on fend la cuirasse de diachylon qui s'écarte aussitôt de 0,01 cent. au niveau de la section.

Il n'y avait pas de trace de sang sur le pansement.

Pouls, 104; temp., 38°4.

Le 24 juin, on fait le pansement complet à l'eau salée. On note un peu de rougeur et d'empâtement, principalement à la région thénar, ainsi qu'un peu de suppuration. Le sphacèle des parties contusionnées est nettement limité.

Pouls, 100; temp. 39°.

26 juin. — Pouls, 96; temp., 38°.

27 juin. — Pouls, 100; temp., 38°4.

On enlève les bandelettes de diachylon, et les sutures, sauf une seule, qui est maintenue en place. Au niveau de la plaie, des eschares se détachent de la région métacarpienne. La face dorsale de la main est légèrement tuméfiée, mais ne présente pas de fluctuation. On applique de nouvelles bandelettes maintenant une petite attelle sur laquelle vient reposer le médius. On couvre la plaie de plumasseaux de charpie imbibés d'eau salée tiède à 30°, au dessus desquelles on superpose du taffetas gommé, de la ouate et une bande roulée. Le membre est immobilisé à l'aide d'une attelle de Dupuytren et d'une gouttière brachiale bouclée.

28 juin. — Pouls, 96 ; temp., 38°

29 juin. — 100 pulsations ; temp., 37°9. On ôte les bandelettes et la dernière suture. Le lambeau qui recouvre l'articulation métacarpo-phalangienne du médius se sphacèle, et présente une coloration gris blanchâtre. Au niveau de la tête du métacarpien de l'index, on aperçoit la ligne de séparation des tissus vivants et des parties sphacelées. En certains points existent des granulations.

Le pansement a été fait avec l'eau salée depuis le jour de l'opération ; aucun accident ne s'est manifesté. Aujourd'hui, 14 août, le blessé est dans l'état suivant : Le lambeau relevé sur le dos de la main, s'y est cicatrisé, et a fermé la solution de continuité en ce point. Le doigt médius présente encore une plaie au niveau de l'articulation des deux premières phalanges ; il est maintenu immobile sur une planchette, au moyen de bandelettes de diachylon. Depuis longtemps l'opéré n'a plus de fièvre ; son état général est excellent.

## OBSERVATION VIII.

### *Épithélioma au sein gauche chez une femme de 57 ans. — Opération. — Pansements à l'eau salée. — Guérison.*

(Communiquée par M. le Professeur Houzé de l'Aulnoit).

---

Le 26 mai 1878, je me rendis à Carnières, près Cambrai, avec mon interne M. Richard, et M. Salez, médecin, pour opérer Madame Barré, âgée de 57 ans, atteinte d'une épithélioma au sein gauche. Avant de procéder à l'opération, cette dame nous apprit qu'elle avait été réglée depuis l'âge de 15 ans jusqu'à l'âge de 53 ans; qu'elle s'était mariée en septembre 1862, à l'âge de 42 ans, et, qu'au mois de mars 1863, elle avait fait une fausse couche de trois mois et demi.

A partir de sa fausse couche, elle avait notablement engraissé et avait vu apparaître à la face externe de la fesse gauche un lipôme qui, lors de notre visite, avait le volume du poing. En général, ses règles avaient toujours été peu abondantes.

Elle nous déclara que les premières douleurs dans son sein remontaient à trois mois, et, qu'à cette époque, le mamelon était un peu rétracté. Il n'y a que deux mois (fin mars 1878) qu'elle découvrit au centre de la glande une tumeur du volume d'un œuf de pigeon. Cette tumeur se continuait avec le mamelon, mais n'avait pas contracté d'adhérence ni avec la peau dont la coloration était normale ni avec le muscle grand pectoral. — Elle était mobile et entourée d'une masse graisseuse de l'épaisseur de trois centimètres. On ne sentait pas de ganglions dans le creux de l'aisselle. L'état général était très-satisfaisant. La crainte de voir se développer une tumeur

qui avait marché avec tant de rapidité et le désir de se mettre
à l'abri des douleurs lancinantes qui lui enlevaient tout repos,
l'avaient décidée à recourir sans plus tarder à l'opération.

Après l'avoir soumise au sommeil du chloroforme, le même
jour, dimanche 26 mai, nous procédâmes à cette opération
en circonscrivant par une incision elliptique, à direction transversale, et d'une longueur de 0,14 centimètres, toute la tumeur,
et nous l'enlevâmes avec une atmosphère assez considérable de
tissu graisseux. Une seule ligature fut faite près du bord
sternal. Au fond de la plaie, nous plaçâmes un plumasseau de
charpie trempée dans une solution concentrée de sel marin et
nous rapprochâmes au-dessus de ce plumasseau les bords de la
solution de continuité, en ne les maintenant en contact que
par une dizaine de bandelettes de diachylon. Au-dessus de
ces bandelettes, nous appliquâmes des plumasseaux de charpie
trempée dans de l'eau salée, puis de la ouate, quelques
compresses et nous maintînmes le pansement par un bandage
de corps. Le bras fut immobilisé contre le thorax et à demi
fléchi par une écharpe. Un coussin fut placé sous le coude.

Notre but était de laisser suppurer la plaie et de ne pas
chercher une réunion immédiate. Les élancements et la douleur furent assez vifs pendant trois heures. Ils continuèrent à
se faire sentir, mais moins intenses jusqu'au lendemain, lundi
27, à midi, c'est-à-dire pendant 24 heures.

Pendant la nuit la malade avait pu dormir.

La nuit du lundi au mardi fut bonne et celle du mardi au
mercredi excellente.

Comme aliments elle avait pris des potages, des asperges,
du café au lait et des oranges.

Le mercredi, mon honorable confrère, M. Salez, qui
m'avait aidé dans l'opération, enleva les pièces superficielles
et constata qu'elles exhalaient très-peu d'odeur.

Le jeudi 30 mai, je me rendis près de la malade. Après
avoir enlevé le pansement et les bandelettes de diachylon, je

reconnus que, malgré la mèche, les lèvres de la solution de
continuité étaient réunies excepté à leurs extrémités. Par
l'extrémité interne, je retirai la mèche avec facilité et recom-
mandai de faire par les deux orifices des injections d'eau salée
dans l'intérieur de la plaie. Il n'y avait pas de trace de rougeur,
ni d'inflammation. Les injections furent continuées pendant vingt
jours. Au bout de ce temps la cicatrisation était à peu près
complète. On se contenta alors de panser à plat avec des plumasseaux trempés dans de l'eau salée. Quelques jours après,
tout pansement devenait inutile.

Le 17 juillet 1878, Madame Barré vint me faire visite à
Lille. On n'apercevait sur son sein qu'une ligne cicatricielle
d'une longueur de 10 centimètres sans la moindre trace de
suppuration ni d'induration.

Il n'existait, du côté de l'aisselle, aucun ganglion. Toute
douleur avait disparu et la santé était excellente.

La tumeur examinée au microscope nous a prouvé qu'elle était
formée par un épithélioma avec hyperplasie de l'élément épithé-
lial remplissant complètement l'intérieur des canalicules. C'était
donc une affection des plus sérieuses et ayant une grande
tendance à la reproduction. De là, la cause de la marche si
rapide de la tumeur qui, en moins de trois mois, avait acquis
le volume d'un œuf de poule.

*Réflexions.* — Le pansement à l'eau salée a eu pour
conséquence de permettre à la cicatrisation de s'opérer
d'une manière régulière en vingt jours, sans offrir la
moindre complication. Et quoique les bords ne fussent
pas exactement affrontés par les sutures, le quatrième
jour ils étaient complètement réunis au-dessus de la
mèche imprégnée d'eau salée, que nous avions placée
dans l'intérieur de la plaie. Le résultat, en cette circons-
constance, a donc été des plus satisfaisants.

# CHAPITRE IV.

## Du lavage des foyers purulents au moyen de l'eau salée,

## d'après la méthode de M. Houzé de l'Aulnoit.

(Observations recueillies dans le service du professeur.)

---

L'eau salée, dit M. Houzé de l'Aulnoit, exerce sur les collections purulentes une quadruple influence.

1° Elle déplace le pus par l'effet de la densité ;

2° elle agit par ses propriétés antiputrides ;

3° elle a une action spéciale sur les parois ;

4° elle concourt à la nutrition générale.

Nous nous efforcerons de démontrer cette quadruple action de l'eau salée, employée pour le lavage des foyers purulents.

ACTION DE DENSITÉ. — La densité du pus, dit M. Robin, varie de 1020 à 1040, et est habituellement de 1030 à 1033, quand il est tel qu'on peut le retirer en assez grande quantité d'un phlegmon (1). M. Robin, parle ainsi du pus phlegmoneux, le pus le plus lié, le plus dense, dont il fait sa première variété de pus ; mais il fait observer plus tard (2), que d'autres variétés, le pus osseux, le pus des abcès froids sont peu liés et presque fluides ; par conséquent leur densité doit être beaucoup plus faible. Le pus des cavités pleurales n'est pour lui qu'une sérosité albumineuse, dans laquelle se sont développés des leucocytes ; sa densité ne paraît donc pas être fort élevée. Néanmoins elle est supérieure à celle de 'eau puisque celle-ci ne se mélange point avec ses produits et ne peut parvenir à les déplacer. L'eau salée, au contraire, a une densité toujours supérieure, qui est déjà de 1136, pour le liquide qui sert à graduer l'aréomètre de Baumé, et qui comprend 15 parties de sel pour 85 parties d'eau. Dès lors, elle agit d'une façon toute physique, par une simple action d'équilibre et de pesanteur, formulée dans tous les traités de physique. C'est pour ce motif que l'eau salée injectée dans les collections purulentes, en ramène toujours une grande quantité de pus.

(1) Robin. *Leçons sur les humeurs*, page 294.

(2)    Id.        id.            page 323.

Si on voulait faire des recherches comparatives sur la densité des différentes variétés de pus, étude encore très-incomplète dans la science, et si on ne pouvait disposer que d'une très petite quantité de liquide, on se servirait avec avantage du densimètre de Rousseau dont nous croyons utile de donner la description.

### DENSIMÈTRE DE ROUSSEAU.

*Destination et description de l'appareil.* — Cet appareil spécialement destiné à la détermination de la densité des humeurs de l'organisme, offre cet intérêt tout particulier, qu'il permet d'opérer avec une précision suffisante sur de très-petites quantités.

Il se compose essentiellement d'une tige graduée à l'extrémité supérieure de laquelle se trouve une petite cupule cylindrique dont l'objet est de recevoir le liquide en expérience.

Inférieurément, une ampoule en verre (comme l'appareil d'ailleurs) reçoit dans son intérieur une quantité de mercure nécessaire pour lester l'instrument de manière que, plongé dans l'eau, le point d'affleurement coïncide avec la naissance de la tige A ; à ce point on marque O.

On place alors un centimètre cube d'eau distillée dans la cupule C (un trait indique à quel niveau le liquide doit monter pour qu'il y ait exactement un centimètre cube) ; sous l'influence de cette augmentation de poids qui est de un gramme, la tige s'enfonce d'une certaine quantité

jusqu'en **B**, par exemple ; à ce point on marque **20** ;
l'intervalle **A B** est divisé en vingt parties égales et chaque
division correspond à un poids de $\frac{1\,gr.}{20} = 0,05$. On continue à graduer jusqu'au sommet de la tige.

*Comment on lit les indications de l'instrument.*
— Supposons maintenant que l'on veuille déterminer la
densité du pus.

On placera dans le récipient C un centimètre cube de
ce pus ; si la tige A B reste en équilibre entre la division
20 et la division 21 , soit au point 20,5 , on en conclura
que le poids de un centimètre cube de ce pus = 20,5 ×
0,05 = 1 gr. 025.

En d'autres termes, si on représente par 1,000 la
densité de l'eau distillée, celle du liquide choisi pour
exemple sera dans ce cas de 1025.

ACTION ANTIPUTRIDE. — Pour faire bien comprendre
l'action antiputride de l'eau salée, il est nécessaire de
donner quelques explications sur la fétidité du pus.

« Par lui-même , dit M. Robin (1), le pus n'est pas
fétide ; il est même peu altérable. On peut le conserver
8 et même 15 jours au contact de l'air, sans qu'il
prenne une odeur de putréfaction. » Mais M. Robin
parle ainsi du pus phlegmoneux , et il ajoute que le pus

(1) Robin, *loc. cit* , page 323.

des foyers qui communiquent avec l'air extérieur est rapidement altérable, parce que les gaz y pénètrent à l'état de dissolution, ce qui favorise l'altération des liquides purulents. Cette altération porte d'abord sur l'albumine du sérum du pus, et celle-ci entraîne le passage des sulfates à l'état de sulfures. En effet, l'odeur du pus rappelle souvent celle du sulfhydrate d'ammoniaque.

D'après M. Robin, il y a encore dans ces liquides des corps gras volatils indéterminés, qui concourent à la fétidité.

C'est à l'absorption de ces gaz par la plaie et par le poumon, que l'on doit attribuer l'infection putride, véritable empoisonement lent qui peut guérir et varier pendant la cicatrisation d'un abcès, d'un jour à l'autre, selon qu'on a laissé ou non séjourner le pus. « Dans » certains des cas où le pus devient fétide, l'état général » du malade devient mauvais, celui-ci éprouve du » malaise, lorsqu'il a son foyer purulent plein. Il » éprouve au contraire du bien être dès que l'abcès est » vidé, et cela non seulement en raison de la sensation » de tension douloureuse qui existait et qui cesse alors, » mais parce que la quantité des principes accidentels » nuisibles, absorbés dans le foyer, dépassait ce que » peut exhaler le poumon ; alors il en entrait toujours » dans le sang artériel, pas assez pour tuer, mais » suffisamment au moins pour causer un malaise plus » ou moins prononcé et pour maintenir en quelque » sorte le malade sous la menace d'un empoisonne- » ment (1). »

(1) Robin, *loc. cit.*, page 325.

D'après ce qui précède, on voit qu'il est du plus haut intérêt pour le malade d'être débarrassé des produits de décomposition putride le plus souvent et le plus complètement possible.

Le sel marin nous paraît réunir les qualités nécessaires pour combattre la fétidité du pus, d'après les idées émises par M. Robin. De tout temps, le sel marin a été employé pour la conservation des viandes, et l'on a reconnu qu'en effet c'était le meilleur agent pour prévenir la putréfaction. Cyr, dans son traité de l'alimentation, ainsi que nous l'avons déjà mentionné, attribue cette conservation par le chlorure de sodium, à ce que « celui-ci sert de dissolvant à la caséine et à l'albumine, et concourt avec cette dernière à prévenir la déformation des globules sanguins et leur dissolution. »

Pour se rendre compte du mode d'action du sel marin, M. Houzé de l'Aulnoit a institué l'expérience suivante : Ayant pu recueillir du pus en quantité suffisante, il le répartit dans quatre flacons différents ; le premier est laissé intact, au second on ajoute de la teinture d'iode, au 3e du permanganate de potasse, au 4e une solution concentrée de sel marin. Ces flacons sont exposés au contact de l'air. Six semaines plus tard, on trouve que les trois premiers exhalent une odeur fétide, tandis que celui qui renferme l'eau salée est complètement inodore. Le pus des autres flacons est fluide et décomposé. celui-ci est, au contraire, coagulé et comme saponifié.

Cette expérience est une preuve que le sel marin a sur le globule purulent la même action que Cyr lui attribue sur le globule sanguin. Il s'oppose à l'action des gaz sur l'albumine, et empêche la putréfaction et la formation des sulfures et autres produits délétères qui sont la cause de l'infection putride.

Puisque l'eau salée a pu ainsi prolonger son action pendant six semaines, et empêcher la putréfaction, il est tout naturel que nous ayons observé une diminution très-sensible de toute odeur, chez les blessés à qui on lève le premier appareil de pansement. L'eau salée produit un effet instantané, et détruit complètement l'odeur de ces émanations miasmatiques, souvent si pénibles pour le patient et pour le chirurgien.

La désinfection par le sel marin a du reste été déjà signalée, et M. Amédée Latour, qui a beaucoup employé et vanté le chlorure de sodium dans la phthisie pulmonaire, a été souvent frappé de ce fait que les crachats fétides expectorés par quelques malades, perdaient leur mauvaise odeur après quelques jours de l'emploi de chlorure de sodium (1).

ACTION SUR LES PAROIS. — L'eau salée a aussi une influence sur les parois des cavités purulentes. Celles-ci, en effet, surtout lorsque la collection s'est faite lentement sont tapissées de fausses membranes épaisses, constituées par un exsudat fibrineux. Cet exsudat renferme un grand nombre de globules de pus, qui masquent le réticulum fibrineux, et qui sont mélangés de globules sanguins extravasés des vaisseaux embryonnaires ou de nouvelle formation, dont l'inflammation provoque toujours le développement (2).

Le chlorure de sodium artérialise les globules sanguins

(1) *Union médicale*, 1865, tome XXVII, page 71.

(2) Cornil et Ranvier. — *Manuel d'histologie pathologique.*

ainsi extravasés, il en empêche la décomposition, et par conséquent la production de pus à leurs dépens. En outre, en enlevant tous les globules purulents et autres détritus organiques qui séjournent sur les parois, et y font l'office de corps étrangers, il diminue l'inflammation, et l'hypergénèse des leucocytes; les fausses membranes s'organisent, et la cavité suppurée arrive à ne plus produire qu'une secrétion normale, toute différente de l'exsudat inflammatoire.

ACTION SUR LA NUTRITION. — L'utilité alimentaire du sel marin a été reconnue de toute antiquité, et Barbier rappelle ce passage de l'Odyssée où Tirésias dit à Ulysse : « Tu reprendras le cours de tes voyages jusqu'à ce que tu découvres des peuples qui n'aient aucune connaissance de la mer, et qui n'assaisonnent pas de sel leurs aliments (1) ». Les animaux n'en sont pas moins avides que l'homme, et suivant l'expression de Haller, il semble qu'il y ait dans le sel quelque chose qui convienne à la nature animale (2).

Le chlorure de sodium a une action importante sur l'économie ; il fournit au sang et à la bile la soude qui leur donne leur alcalinité. Il donne l'acide chlorhydrique au suc gastrique. Il est prouvé par les expériences de Liebig que le sel, si abondant dans le sérum du sang a aussi son influence sur l'artérialisation de ce liquide (3). Nous avons vu, à l'occasion des plaies, le mode suivant lequel se produit cette artérialisation.

(1) Barbier. — *Note sur le mélange du sel marin dans les aliments de l'homme.* (*Gazette médicale*, 1838, page 301)

(2) Tome VI, page 219.

(3) Bérard. — *Cours de physiologie*, tome I, page 61.

« Barbier évalue à 10 ou 30 grammes la quantité de
» sel que l'homme mélange à ses aliments en 24 heures,
» ce qui porterait à 350 ou 700 kilóg. la quantité qu'un
» sexagénaire aurait consommée.

» Est-ce à titre de condiment ou parce qu'un instinct
» les porte à la recherche d'une chose avantageuse à
» l'économie que les hommes usent du sel ? On rap-
» porte que des seigneurs russes, qui avaient voulu
» faire économie de cette dépense pour la nourriture de
» leurs vassaux, ont vu ces derniers tomber dans un état
» de langueur et de faiblesse, avec pâleur de la peau,
» tendance à l'œdème, et génération d'helminthes dans
» les intestins (1). Pourtant, au dire de Haller, certaines
» peuplades nomades se passent de sel ; mais il ne faut
» pas oublier que leurs aliments en contiennent une cer-
» taine quantité (Bérard). »

Il serait moins nécessaire d'ajouter ce condiment à
notre alimentation si l'agriculture, qui a fait des expe-
riences concluantes en ce sens, pouvait se servir du sel
marin à larges doses comme engrais ou mélangé aux
aliments des animaux ; malheureusement, elle est arrêtée
dans cette voie par les mesures fiscales qui pèsent encore,
comme au temps de Louis XIV, sur cette denrée de
première utilité. Sous l'influence de cette substance,
la végétation deviendrait plus puissante ; les animaux y
puiseraient le sel qui leur est nécessaire : leur chair,
souvent si fadasse, deviendrait plus savoureuse, et
n'obligerait point à recourir aux condiments épicés qui
attaquent l'estomac, et nuisent à la santé humaine.

(1) Barbier, *loc. cit.*

L'influence du sel marin pris à l'intérieur est incontestable, puisque Boussingault, Dailly et d'autres expérimentateurs ont trouvé toujours un excès de poids en faveur des animaux nourris avec addition de sel aux aliments, sur ceux qui ne recevaient qu'une nourriture ordinaire (1).

Le sel marin injecté dans les cavités purulentes exerce aussi une heureuse influence sur la nutrition générale : dès les premières injections on voit disparaître la fièvre inflammatoire, le pouls diminue d'intensité, la respiration se modifie ; en peu de jours les symptômes de cachexie, due aux longues suppurations, disparaissent : la face perd son aspect terreux, et reprend son teint normal ; la teinte subictérique de la peau fait place à une coloration de meilleur augure. L'appétit renaît, et dès lors une alimentation bien réglée doit seconder les heureux effets de l'eau salée.

Cette action extérieure ne paraît point contestable ; les bains de mer ont été conseillés de tout temps aux personnes de tempérament lymphatique ; l'hôpital de Berck-sur-Mer a été fondé spécialement pour le traitement par les bains de mer des enfants scrofuleux de Paris et du département de la Seine.

M. Arm. Desprès, chirurgien de l'hôpital Cochin, conseille aux femmes opérées de cancer, les voyages sur mer, qui doivent, selon lui, exercer sur leur organisation un effet salutaire.

Si les bains de mer produisent des effets si satisfaisants sur l'état général des individus qui s'y soumettent, et alors que le sel n'est que faiblement absorbé par la peau

(1) Séance de l'Académie des Sciences, du 12 avril 1847.

intacte, à combien plus forte raison doivent être puissants les effets de l'eau salée sur des séreuses fortement vascularisées, et qui ont une si grande facilité d'absorption.

---

### OBSERVATION IX.

*Pleurésie purulente droite chez une femme de 26 ans. — Neuf ponctions. — Empyème. — Lavages de la plaie avec de l'eau salée. — Guérison.*

(Observation recueillie par M. MARIX, externe du service de M. Houzé de l'Aulnoit).

---

Le 18 février 1876, Marie Fromentin, âgée de 26 ans, entrait à l'hôpital Saint-Sauveur, salle Sainte-Marguerite, n° 9, dans le service de M. le professeur Houzé de l'Aulnoit.

Cette femme était accouchée depuis trois semaines. Peu de jours après son accouchement elle se leva et s'exposa au froid. Là se bornent tous les renseignements qu'elle peut nous fournir.

A l'entrée à l'hôpital elle éprouve des frissons violents, avec une douleur vive dans le côté droit du thorax et un peu de gêne de la respiration. L'expectoration est abondante ; environ 300 grammes de crachats filants et séreux sont rejetés en douze heures. Cinq vésicatoires ont été appliqués sur le côté droit avant l'entrée à l'hôpital.

Le 19 février, à la visite du matin, on constate les symptômes suivants : Pouls, 100 ; temp. 39°8 ; respiration, 24.

A première vue on découvre que le côté droit du thorax est dilaté; les espaces intercostaux sont effacés et bombés.

La percussion donne une sonorité exagérée du côté gauche; du côté droit, au contraire, il existe de la submatité au sommet du poumon en arrière; en bas, la matité est complète, ainsi qu'en avant dans toute l'étendue du poumon.

L'auscultation révèle ces faits : à gauche, respiration normale, mais puérile; au sommet, en arrière, respiration libre, mais soufflante; à la partie moyenne, frottements pleuraux assez étendus; en bas, égophonie très-prononcée, sans aucun bruit respiratoire. En avant, le murmure vésiculaire n'est perçu dans aucun point du poumon droit.

Le diagnostic posé est celui-ci : Pleurésie droite en voie de résorption; fausses membranes donnant lieu à des bruits de frottement pleural.

Traitement : vin de quinquina, vin diurétique.

20 février. — Pouls, 110; temp. 38°9; respiration, 26.

Souffle bronchique au sommet droit; frottements pleuraux à la partie moyenne, dans la gouttière costo-vertébrale et vers la courbure postérieure des côtes. L'égophonie persiste en bas, en arrière, tandis qu'en avant le murmure vésiculaire est totalement absent.

Vésicatoire sur la partie antérieure du thorax.

21 février. — Pouls, 110; temp. 38°4.

La toux est fréquente et convulsive, elle cause à la malade des douleurs au creux épigastrique et à la région dorsale, au niveau des insertions du diaphragme.

Le 22, pouls à 110; temp. 38°4.

Le 23, la faiblesse est extrême, la malade peut à peine se remuer dans son lit, pourtant l'oppression paraît diminuée.

Pouls, 110; temp. 38°6.

On continue toujours le vin diurétique et le vin de quinquina.

Le 25, pouls à 100 ; temp. 38°8.

Les forces se sont un peu relevées ; la malade se remue sans trop de gêne.

26 février. — Pouls, 100 ; temp. 39°2. La dyspnée a reparu. La matité du poumon droit, à la percussion, a augmenté d'étendue ; le souffle bronchique a fait place à des râles ronflants ; l'épanchement occupe une plus grande surface.

La malade s'est levée la veille ; elle s'est exposée au froid et a ainsi provoqué une aggravation de son état.

27 février. — Pouls, 100 ; temp. 39°2.

On a constaté que la fièvre revient tous les soirs avec des phénomènes d'exacerbation. Le vin diurétique est supprimé en raison de la diarrhée qui s'est montrée chez notre malade.

La matité est diminuée en avant et en arrière ; un souffle bronchique très-net occupe le sommet droit.

Depuis ce jour jusqu'au 4 mars, la température s'élève de 1 à 2 dixièmes de degré chaque jour.

Le 4 mars, pouls à 110 ; temp., 40°, respiration, 32.

Le 7 mars, température à 41° ; pouls à 116.

L'épanchement s'est résorbé en arrière, où l'on ne retrouve plus que le frottement pleural avec un reste d'égophonie. En avant, la poitrine est fortement bombée, et l'on constate une matité complète avec absence de murmure vésiculaire du sommet à la base, signe d'une collection de liquide enkysté.

A la voussure en avant se joint un retrait de la partie postérieure, et la mensuration démontre une prédominance de 2 centimètres et demi en faveur du côté sain.

Vin, extrait de quinquina, alimentation tonique.

12 Mars. — La malade éprouve une grande gêne de la respiration avec un mouvement fébrile très-prononcé, et de légers frissons. Pouls, 140 ; température, 40°8, respiration, 40. Des sueurs profuses très-abondantes se manifestent depuis quelques jours.

La pleurésie paraît être passée à l'état purulent, et l'on procède à l'évacuation du liquide par la thoracentèse. Il s'écoule environ un litre et demi de pus.

Des accès de toux sèche et fréquente, survenant pendant l'opération démontrent que le poumon est resté perméable à l'air. La canule du trocart ayant été retirée, on constate, en percutant la poitrine, une résonnance de toute la cage thoracique, résonnance à peine affaiblie par les fausses membranes qui tapissent la plèvre.

Le même soir, il n'y a plus de sueurs, et une amélioration sensible se manifeste.

Mais dans le soirée du 13 mars une fièvre intense se déclare; et le 14, on découvre en avant un nouvel épanchement qui donne lieu à du souffle bronchique et à une matité plus intense au sommet que dans tout autre point. Température, 38°8; pouls, 110; respiration, 38.

Le 15, la fièvre revient le soir sans causer de frisson; l'épanchement se caractérise par de la matité et de l'égophonie à la base du poumon droit. La respiration est normale au sommet; mais à la partie moyenne, un souffle intense accompagne les frottements pleuraux.

16 Mars. — La respiration compensatrice a provoqué la voussure du côté gauche, qui mesure 42 centimètres, alors que le côté droit n'a que 39 centimètres.

Pouls 132; respiration, 38.

La thoracentèse est de nouveau pratiquée dans le 7e espace intercostal. Deux litres de pus mélangé de gaz sont évacués par cette ponction.

18 Mars. — Gêne de la respiration, douleur vive au niveau de la ponction. La malade est forcée de se coucher sur le côté sain.

Pouls, 120; temp. 41°.

La matité à la percussion révèle qu'il y a encore du liquide épanché dans la plèvre; l'auscultation révèle du gargouillement et des frottements pleuraux.

Le 19, à dix heures du matin, frisson violent, avec refroidissement général, claquement des dents et mouvements convulsifs des membres. Les lèvres sont cyanosées, la respiration courte et haletante. Le frisson dure environ 20 minutes, et fait place à une période de chaleur et de sueur.

Pouls, 120; température : à la période de froid, 37°; pendant la réaction, 41°.

Le 20, nouveau frisson à la même heure.

Pouls, 116, température variant de 36°5 à 40°.

21 Mars. — Pas de frisson. Pouls, 80; temp. 37°8.

Souffle très-prononcé au sommet; matité et gargouillement en arrière à la base du poumon droit.

Une troisième ponction est pratiquée, et laisse écouler un demi litre de pus. On injecte dans la plèvre environ un demi-litre d'eau tiède.

22 mars. — La malade est agitée; elle éprouve de la dyspnée; la face est colorée, les yeux ont un éclat fébrile.

24 mars. — Violents accès de toux. Pouls, 90°; temp,, 37° 5.

26 mars. — Frissons et fièvre intense. Pouls, 120; temp., 39°.

27 mars. — Quatrième ponction, suivie d'un lavage à l'eau tiède.

29 mars. — Amélioration sensible ; la fièvre et les frissons sont remplacés par des sueurs abondantes.

2 avril. — Cinquième ponction.

7 avril. — La sixième ponction donne environ trois-quarts de litre d'un liquide couleur chocolat. La plèvre est d'abord lavée à l'eau tiède, puis on y pousse une injection iodée.

Les jours suivants, la malade passe par des alternatives

d'amélioration sensible et d'accablement profond, et le 14 avril, on est contraint de recourir à une septième ponction, suivie d'injection iodée.

20 avril. — Huitième ponction. — Injection iodée.

26 avril — L'état général de la malade est devenu très-mauvais ; une diarrhée abondante s'est déclarée ; elle est accompagnée de coliques violentes, et les selles sont hémorrhagiques.

2 mai. — L'état général ne s'est pas relevé ; les hémorrhagies intestinales ont continué, et ont amené un affaiblissement si prononcé que l'on peut à peine percevoir la parole de la malade.

Neuvième ponction qui donne lieu à des crampes doulou-reuses dans les mollets.

4 mai. — Il n'est point survenu d'amélioration ; aussi M. Houzé de l'Aulnoit se décide-t-il à pratiquer l'opération de l'empyème, dans le septième espace intercostal. Environ un demi-litre de pus fétide s'échappe par l'ouverture, qui est d'environ $0^m, 04$, et dans laquelle est introduit un drain en caoutchouc qui doit rester en place.

Le soir l'affaiblissement est extrême, et la malade éprouve des vertiges.

Potion de Todd avec 60 grammes d'alcool.

5 mai. — Le drain est retiré, après que l'on a lavé la plèvre au moyen d'une solution de permanganate de potasse.

6 mai. — Un nouveau tube à drainage est placé dans la plaie pour faciliter l'écoulement du pus et le lavage du foyer purulent par des injections iodées et de permanganate de potasse.

14 mai. — L'affaiblissement fait des progrès ; des vomisse-ments fréquents sont survenus, et le liquide injecté ramène au dehors une assez forte quantité de pus.

Ce même jour à dix heures du matin, frisson violent.

21 mai. — L'état général s'est amélioré ; la malade se lève, elle recouvre l'appétit ; la suppuration diminue et a perdu sa fétidité.

A l'auscultation, on n'entend plus le gargouillement, et la respiration est devenue un peu moins rude dans toute l'étendue du poumon.

Traitement. — Alimentation tonique ; fer réduit, 20 centigrammes par jour ; vin de quinquina, 100 grammes.

Sous l'influence du traitement, la malade reprend ses forces ; la suppuration diminue, mais le 20 juin, elle devient tout-à-coup sanguinolente. On cesse toute injection de teinture d'iode et de permanganate de potasse dans la plèvre.

5 juillet. — La malade est très-affaiblie ; par l'orifice de la plaie s'écoule, entre les pansements, une notable quantité de pus ayant une odeur fétide. Les lavages faits les jours précédents avec l'eau tiède ont toujours ramené le liquide purulent, sans pouvoir toutefois épuiser le foyer. Convaincu qu'un pus en voie de décomposition séjournait dans des clapiers que les injections ne pouvaient vider qu'incomplètement, le chirurgien songe à injecter, dans la cavité pleurale, un liquide d'une densité plus grande que celle de la substance purulente ; mais avant de procéder à cette injection, il fait une série d'expériences sur lesquelles M. Richard, interne du service, a la bonté de nous remettre la note suivante :

« Le 5 juillet, les injections de permanganate furent recommencées. La percussion ayant révélé l'existence d'une assez grande quantité de pus, M. Houzé de l'Aulnoit fut rappé de ce que le permanganate, injecté au moyen d'une sonde en caoutchouc et retiré par l'aspiration avec une seringue, était, il est vrai, décoloré, mais peu chargé de pus. L'interne du service avait depuis longtemps remarqué que, malgré les lavages répétés, malgré la grande quantité de liquide chaque fois injecté et retiré de la poitrine de cette femme, il arrivait toujours que, lorsqu'elle se plaçait dans une position déclive,

6

un écoulement abondant de pus se produisait, salissait le pansement, et forçait à le renouveler plusieurs fois par jour. Il fallait donc conclure de cette remarque que, malgré les injections et aspirations, il restait toujours dans la plèvre du pus échappant à tous les efforts faits pour le retirer.

» M. Houzé de l'Aulnoit prit alors du pus et l'introduisit dans deux éprouvettes; à l'une, il ajouta de l'eau tiède, à l'autre, la solution habituellement employée de permanganate de potasse. L'expérience prouva que ces deux liquides, ayant une densité inférieure à celle du pus, le surnageaient sans se mélanger avec lui.

» Nous savions dès lors pourquoi la cavité thoracique ne pouvait être entièrement vidée : il se passait en grand dans la poitrine ce qui s'était passé dans les éprouvettes; on pouvait bien retirer quelques gouttelettes de pus qui troublaient l'eau, et décoloraient le permanganate de potasse, mais on ne déplaçait jamais le liquide purulent en entier.

» Il s'agissait donc de trouver un liquide plus dense qui, sans altérer les parois de la poitrine, se mélangeât intimement avec le pus, et permît d'en débarrasser complètement le clapier.

» Après plusieurs recherches infructueuses, le chirurgien s'arrêta à la liqueur suivante : Une partie de sel de cuisine ordinaire dissous dans deux parties d'eau tiède, ce qui amène la saturation complète, et marque 18° à l'aréomètre de Baumé. Versant cette solution dans une éprouvette contenant du pus, nous vîmes l'eau salée gagner le fond du vase et forcer le pus à rester à sa surface.

» Trois injections de vingt centimètres cubes d'eau salée furent immédiatement faites dans la plèvre : chaque fois, on retira quarante centimètres cubes d'un mélange intime d'eau salée et de pus. Dans les injections antérieures, le pus était à peine coloré; dans celles-ci, la première aspiration donna un mélange tel qu'au bout de quelques minutes, il se forma un

coagulum assez épais pour que l'on pût presque le retourner
sans qu'il s'écoulât. La seconde aspiration donna lieu à la
sortie d'un liquide encore fortement chargé de pus; à la
troisième, il avait la coloration du petit-lait.

« Le but désiré était donc atteint : la percussion révélait
maintenant une diminution notable de l'épanchement. Il restait
encore un peu de pus, mais ces expériences longues et pénibles
avaient fatigué la malade : on la laissa prendre du repos, en
se promettant de revenir à ces injections les jours suivants. »

20 juillet. — On a fait chaque jour une injection d'eau salée.
L'état général est des plus satisfaisants ; la malade n'a point
de douleur de côté ; néanmoins elle fait entendre des cris et des
plaintes dus à l'hyperesthésie que chaque injection réveille
chez elle, aux jambes et sous la plante des pieds. Depuis le
5 juillet les frissons ont disparu et le pus n'exhale que très-
peu d'odeur.

Des emplâtres d'opium calment un peu ces douleurs.

8 août. — La malade a pu se lever et marcher sans éprouver de vertiges. L'expectoration est abondante et renferme un
peu de pus. La plaie thoracique est devenue fistuleuse.

On continue les injections d'eau salée.

12 août. — L'eau salée est remplacée par le permanganate
de potasse. Cette essai a failli coûter la vie à la malade. Accès
de suffocation, tendance à la lypothymie, toux violente,
expiration prolongée, tous ces symptômes apparurent brus-
quement. Revenue à elle-même, la malade déclara que le
liquide de l'injection lui était revenu par la bouche. On
s'assura que les crachats étaient composés d'un liquide filant
avec un peu de pus coloré en rouge.

Le 13, on reprend les injections d'eau salée. Il ne survient
aucun accident.

Au 11 septembre, la santé est presque normale; mais

l'hyperesthésie des jambes revient à chaque injection, et dure souvent une heure après le pansement.

Le 22 septembre, on supprime les injections.

Le 4 octobre, la fièvre a complètement disparu, et la suppuration est tarie. Cependant quelques crachats, mélangés d'un peu de pus, sont encore rejetés de temps en temps.

La malade sort complètement guérie, le 8 octobre 1876.

A la sortie de l'hôpital, l'état général est excellent : la malade a recouvré ses couleurs et son embonpoint, en même temps que ses forces sont revenues.

L'inspection du thorax nous présente une déviation latérale à droite. En arrière, il est affaissé ; en avant, il est, au contraire, fortement bombé, et presque globuleux. La plaie est cicatrisée.

MENSURATION. — Le côté droit mesure cinq centimètres de moins que le côté gauche, du milieu du sternum aux apophyses épineuses.

PERCUSSION. — Submatité dans les deux tiers inférieurs du poumon droit en arrière; en avant, sonorité tympanique.

AUSCULTATION. — Respiration puérile à gauche ; du côté droit, perméabilité de tout le poumon ; inspiration rude, expiration soufflante et prolongée; diminution de la résonnance de la voix.

Les mouvements violents ou prolongés provoquent un prompt essoufflement. L'hyperesthésie des jambes et des pieds n'existe plus.

Pouls, 72 ; température, 37°6.

Cette femme est revenue à la consultation de M. Houzé de l'Aulnoit le 3 avril 1878. Elle jouissait d'une santé parfaite et n'éprouvait aucune gêne de la respiration.

La percussion dénotait une sonorité normale, et le murmure vésiculaire se faisait entendre dans toute la hauteur du poumon droit. La mensuration donnait à peine un centimètre de différence entre les deux côtés.

Cette femme est, du reste, accouchée depuis 7 mois d'un enfant venu à terme et nous déclare l'avoir nourri elle-même.

*Réflexions.* — Cette observation est très-intéressante par elle-même sous bien des rapports. C'est sur la malade qui en fait l'objet, que M. Houzé de l'Aulnoit a pratiqué pour la première fois des lavages à l'eau salée. Vainement pour dissiper l'épanchement purulent, il avait eu recours, le 12 mars, cinq semaines environ après le début de la maladie, à neuf ponctions faites de cinq en cinq jours pour éviter l'affaissement du poumon et l'imperméabilité de son tissu.

Le 4 Mai, il dût recourir à l'empyème, mais l'état de la malade n'ayant fait que s'aggraver jusqu'au 5 juillet, malgré de fréquentes injections avec une solution d'iode, ou de permanganate de potasse, et le pus n'étant chaque fois après ces injections évacué qu'en partie, il songea, à cette époque, à les remplacer par des lavages à l'eau salée. A partir de ce jour, on vit les frissons disparaître, la fétidité du pus diminuer et la guérison devenir définitive, après deux mois et demi de ce traitement. En cette circonstance, les injections d'eau salée ont dû produire une quadruple action, en agissant par leur densité, en arrêtant le travail de décomposition du pus, en modifiant les parois du foyer et en excitant le travail nutritif, par suite de l'imprégnation des tissus par le chlorure de sodium.

Dans ce cas, comme dans d'autres déjà signalés par plusieurs auteurs, nous avons observé des douleurs très-vives dans les membres inférieurs, et nous avons constaté l'évacuation d'une certaine quantité de pus par les voies aériennes, signe de très bon augure dans le cas d'épanchement purulent.

## OBSERVATION X.

*Pleurésie droite avec épanchement purulent considérable chez un enfant de onze ans. — Empyème. — Injection d'eau salée dans la plèvre. Guérison.*

(Communiquée par M. le professeur HOUZÉ DE L'AULNOIT).

————

« Je fus appelé en consultation le 2 janvier 1878, à Rubrouck, près d'Hazebrouck, pour le nommé Broukers, âgé de onze ans, que l'on croyait atteint de phthisie pulmonaire. On m'apprit que cet enfant, cinq semaines avant ma visite, avait été pris, en sortant de l'école, d'une vive douleur au côté droit avec fièvre intense et gêne de la respiration. Malgré un traitement assez énergique, aidé de plusieurs vésicatoires sur la poitrine, l'affection n'avait pas cessé de faire des progrès. Devant la persistance de la fièvre, de la gêne respiratoire, et d'un amaigrissement progressif, les médecins avaient cessé toute médication active et s'attendaient à la mort prochaine de l'enfant.

» Quand je le vis, les parents me déclarèrent qu'ils ne m'avaient prié de le visiter que pour se donner la satisfaction de n'avoir rien négligé dans l'intérêt de leur fils. Je constatai que son corps n'était plus qu'un véritable squelette, tant était prononcé son amaigrissement. Toute nourriture était refusée; de la bouche s'exhalait une odeur fétide, qui rendait pénibles, même pour la mère, les soins à donner au malade; la langue était rouge, la peau sèche et chaude.

» A l'auscultation, je reconnus une absence complète du

murmure vésiculaire dans toute la hauteur du poumon droit, et un bruit de souffle existant au niveau de la région sous-épineuse.

» La matité n'était pas moins sensible en arrière que sur les côtés et en avant. L'oreille appliquée sur la poitrine n'était nullement soulevée par les parois thoraciques, qui étaient immobilisées, avec écartement des espaces intercostaux.

» La mensuration m'offrit deux centimètres de plus à droite qu'à gauche, malgré une respiration puérile de ce côté.

» Le ventre était déprimé et les selles ne se faisaient qu'à des intervalles très-éloignés.

» Pouls, 136; respiration, 52.

» Je déclarai au médecin traitant que d'après la marche de l'affection, d'après les signes révélés par l'auscultation, la percussion et la mensuration, d'après l'absence de toute tuberculisation chez le père, la mère, le frère et les deux sœurs de l'enfant, mon diagnostic était: *Pleurésie aigue terminée par suppuration.* En conséquence, je proposai, séance tenante, à mon confrère, de faire une ponction exploratrice au lieu d'élection, à trois travers de doigt au-dessous de l'angle inférieur de l'omoplate, et, si je rencontrais un épanchement purulent, de pratiquer immédiatement l'empyème. Il se rendit à ma proposition, pensant que de toute façon la mort était certaine.

» De la canule du trocart s'écoula un jet de liquide purulent. J'incisai alors la paroi thoracique dans une longueur de trois centimètres. Par l'incision furent évacués 850 grammes d'un pus fétide dont l'odeur empesta la salle. Après avoir laissé sortir ce liquide, j'introduisis dans la plaie une sonde molle, et je fis deux injections d'eau salée tiède au maximum de concentration. La solution ressortit entraînant une notable quantité de pus. Peu de temps après, la respiration devint plus facile, et, par l'auscultation et la percussion, je reconnus que le poumon s'était relevé.

» Les jours suivants, 3, 4 et 5 janvier, mon confrère continua les injections d'eau salée qui furent très-bien supportées.

» Le 6 janvier, je revis le petit malade, qui offrait une amélioration très-sensible. L'odeur fétide qui s'exhalait de la bouche et de la plaie avait disparu ; la respiration était plus facile, la fièvre avait diminué ; l'appétit était revenu et l'état général s'était très-sensiblement amélioré.

» Je fis ce jour deux lavages avec de l'eau salée au quart, poussée par l'orifice d'une sonde molle. On continua ces lavages pendant une dizaine de jours, et comme le pus était peu abondant et sans odeur, on cessa tout traitement local dès le 16 janvier, se contentant d'appliquer sur la plaie un plumasseau de charpie trempée dans de l'eau salée. Le mieux continua de se produire, et vers le 10 février tout écoulement avait cessé. Le malade avait sensiblement pris de l'embonpoint.

» Au mois d'avril, il est venu me voir à Lille. Il n'était plus reconnaissable, tant sa nutrition était parfaite ; il mangeait avec appétit et n'éprouvait que très-peu d'essoufflement en montant un escalier.

» La respiration se faisait entendre dans tout le côté droit, qui était revenu sur lui-même, et offrait près de deux centimètres de moins que le côté opposé.

» Aujourd'hui 10 août, la guérison ne s'est pas démentie ; l'enfant jouit d'une excellente santé, est devenu très-fort, et n'est sujet ni à la toux ni à l'expectoration. Il est toujours à la campagne et a repris sa vie habituelle. »

*Réflexions*. — Dans ce cas, où l'affection paraissait au-dessus des ressources de l'art, il a suffi, malgré l'état de dépérissement de l'enfant, de lavages d'eau salée continués pendant une quinzaine de jours pour tarir la source purulente, et obtenir, en moins de six semaines, une guérison complète.

M. Houzé de l'Aulnoit n'a eu qu'à se louer, en cette circonstance, du traitement par l'eau salée. Les lavages ont ici produit leur quadruple action constatée chez nos autres malades : 1° déplacement du pus par la densité ; 2° modification des parois ; 3° action antiputride sur le liquide purulent ; 4° engraissement rapide, grâce à l'absorption du chlorure de sodium.

------

### OBSERVATION XI.

*Abcès par congestion de la fosse iliaque droite. — Incision de la paroi abdominale. — Injection d'eau salée dans le foyer. — Guérison.*

(Communiquée par M. le Professeur HOUZÉ DE L'AULNOIT).

------

Léon C..., âgé de 19 ans, habitant Lille, éprouvait depuis deux ans des douleurs assez vives de la région lombaire. Ces douleurs sont venues lentement, et la marche les exagérait. Elles s'irradiaient le long du trajet du nerf crural. Par moments, la cuisse droite devenait œdématiée et volumineuse, et reprenait ensuite son état normal.

Le 16 janvier 1878, M. Houzé de l'Aulnoit fut appelé auprès de ce jeune homme, et l'examen qu'il en fit lui démontra qu'il y avait là une collection purulente, ayant pour point de départ une altération osseuse. En effet, la paroi abdominale était saillante au niveau de la fosse iliaque interne droite ; on sentait en ce point une fluctuation mal déterminée. La fièvre était peu vive, l'état général très-altéré.

La pression sur les apophyses épineuses n'éveille aucune douleur ; il n'y a pas d'incurvation de la colonne vertébrale. On ne peut donc croire que l'affection soit due à un mal de Pott. Une carie osseuse de la fosse iliaque droite explique mieux tous les phénomènes ; en comprimant les nerfs, l'épanchement purulent produit les douleurs lombaires et crurales ; l'œdème ·passager de la cuisse est dû à la compression intermittente des vaisseaux.

Le malade fut soumis à un régime tonique, au vin de quinquina et à l'huile de foie de morue.

Malgré ce traitement, l'état général devenait mauvais, la diarrhée et l'anorexie avaient fait leur apparition, et le malade dépérissait à vue d'œil.

Le 3 avril, le gonflement abdominal avait pris de l'extension, et la fluctuation profonde était manifeste. On se décida à faire une ponction qui donna issue à 250 grammes de pus environ. Aucune injection ne fut faite dans la cavité purulente.

Les premiers jours furent marqués par une amélioration assez sensible, mais bientôt la collection reparut et le malade eut de la tendance à la cachexie.

Une seconde ponction fut faite le 21 avril et suivie d'une injection d'eau salée qui ramena une notable quantité de pus grumeleux.

Les symptômes n'en furent point amendés, et le 21 avril, on pratiqua une incision de trois centimètres de longueur à deux centimètres en dedans de l'épine iliaque antérieure et supérieure et à un centimètre au-dessus de l'arcade crurale. Une injection d'eau salée a été faite chaque jour dans ce foyer, et actuellement, 16 août, le malade est en voie de guérison, et fait quotidiennement une promenade au dehors. La quantité de pus secrétée par la paroi est insignifiante.

## OBSERVATION XII.

*Phlegmon suppuré de la fosse iliaque droite chez une femme de 28 ans. — Incision. — Drainage. — Lavage avec l'eau salée. — Guérison.*

( Observation due à M. MARTIN, interne du service de M. Houzé de l'Aulnoit. )

Maria Colorado, fileuse de lin , âgée de vingt-huit ans , est entrée le 19 juin 1878, à l'hôpital Saint-Sauveur, salle Sainte-Marguerite, Nº 3, pour une douleur vive qu'elle ressent dans la fosse iliaque droite. D'un tempérament lymphatique, atteinte d'une gibbosité datant d'environ vingt ans , et siégeant à la région lombaire, cette femme s'est accouchée le 6 mai 1877. Aucune complication ne suivit l'accouchement, et la malade avait repris son travail, lorsque le quinzième jour, elle fit une chute sur le côté droit. Bientôt s'éveilla la douleur dans le bassin, la fièvre s'empara de la malade, et elle dût cesser toute occupation.

A son entrée à l'hôpital, on constate l'état suivant : Pouls , 92 ; température , 38° 4 ; pas de frissons. L'appétit est presque nul, la langue blanche et saburrale.

Au niveau de la fosse iliaque droite , existe un soulèvement de la paroi abdominale. On ne perçoit aucune espèce de fluctuation. Les mouvements du membre sont diminués. La pression éveille une assez vive sensibilité.

La pression sur les apophyses épineuses ne détermine aucune douleur; on ne peut donc attribuer l'affection à un mal de Pott, qui , du reste, paraît guéri depuis longtemps. Tout porte à croire qu'il existe une inflammation du ligament large et du tissu cellulaire peri-utérin.

Traitement : huile de ricin, 30 grammes ; diète, repos absolu au lit. Onctions avec l'onguent mercuriel belladoné. — Cataplasmes.

Les jours suivants, la fièvre revient, à peu près avec la même intensité ; la paroi abdominale s'amincit, et l'on commence à percevoir de la fluctuation au niveau et en dedans de l'épine iliaque antérieure et supérieure droite.

Traitement : purgatifs salins de temps en temps, vin de quinquina, bouillons et potages.

Le 3 juillet, l'incision du point fluctuant est pratiquée, et donne lieu à un écoulement considérable de pus. Le foyer s'étend jusqu'en arrière de l'épine du pubis, mais ne remonte pas vers la région lombaire.

La cavité purulente est lavée au moyen d'une injection d'eau tiède.

Le 4, lavage avec injection de teinture d'iode.

Alimentation de la malade.

8 juillet. — La suppuration est très-abondante ; elle devient fétide. On combat la mauvaise odeur par des injections de permanganate de potasse. Ces injections alternant avec celles de teinture d'iode sont continuées jusqu'à la fin du mois. Un nouvel abcès se dessine alors au pli de l'aine, à quatre centimètres environ, en dehors de la grande lèvre droite. Un stylet engagé par l'incision supérieure pénètre jusqu'à ce point, et arrive facilement jusqu'à la partie profonde du derme.

Le 1er août, on pratique une contre ouverture, et un tube de caoutchouc est introduit dans le foyer purulent. Par ce drain, on injecte une solution de sel marin, marquant 17° à l'aréomètre de Baumé. Par suite de sa densité, ce liquide déplace les produits de suppuration et les entraîne au dehors. L'injection d'eau salée est répétée ous les jours, et le pus perd rapidement sa fétidité.

La malade n'a plus de fièvre, l'appétit est revenu; l'état général s'améliore; l'embonpoint renaît, et cependant il s'est formé dans l'épaisseur de la grande lèvre un nouvel abcès qui s'est ouvert spontanément le 29 août.

L'écoulement purulent s'est ralenti peu à peu, le foyer s'est cicatricé, ainsi que les bords des deux incisions, et la suppuration ne paraissant plus être due qu'à la présence du drain, celui-ci est enlevé le 18 octobre.

Le 4 novembre. — Le trajet fistuleux est cicatrisé, les deux ouvertures sont recouvertes d'une croûte sous laquelle s'opère leur cicatrisation.

La malade quitte l'hôpital complètement guérie.

*Remarque.* — Dans cette observation, comme dans les précédentes, on ne peut nier l'influence heureuse des injections d'eau salée. Leur emploi a été légitimé par la fétidité du pus, contre laquelle les injections d'iode et de permanganate de potasse étaient restées sans effet.

A cette observation nous pourrions joindre un autre cas d'abcès de l'excavation pelvienne qui se trouvait dans la salle Sainte-Marguerite, au mois d'avril 1877.

## OBSERVATION XIII.

*Abcès profond de l'excavation pelvienne chez une*
*femme de 26 ans. — Évacuation par le rectum,*
*suivie d'une nouvelle formation de collection*
*purulente.— Signes d'infection putride consé-*
*cutifs à plusieurs ponctions et à plusieurs*
*injections iodées. — Guérison définitive après*
*deux lavages avec l'eau salée.*

(Communiquée par M. le Professeur HOUZÉ DE L'AULNOIT.)

Il s'agit d'une femme âgée de 26 ans, qui, à la suite d'un coup, reçu huit mois avant son entrée à l'hôpital, avait éprouvé des douleurs très-vives au côté droit de la région hypogastrique. Deux mois après elle rendit du pus dans les selles. L'orifice s'oblitéra et la malade se crut guérie.

Lors de son entrée à l'hôpital, le 20 avril 1877, M. Houzé de l'Aulnoit constata une fluctuation profonde à trois travers de doigt au-dessus et en dedans de l'épine droite du pubis. La fièvre, les frissons et les symptômes locaux et généraux lui permirent de croire qu'il avait affaire à une collection purulente développée dans le tissu péri-utérin. Les antécédents, et surtout l'écoulement du pus par le rectum, étaient de nature à confirmer son diagnostic.

Une ponction, avec l'appareil de Potain, amena près de 300 grammes de liquide purulent.

Au bout de 10 jours, la poche s'étant remplie de nouveau, on dut recourir à une nouvelle ponction. Quinze jours plus tard, on vidait de nouveau le foyer, et on faisait un lavage avec de l'eau tiède, suivi d'injection iodée. Une semblable opération fut pratiquée douze jours après; mais elle fut suivie de frissons, de fièvre, d'augmentation considérable de la température.

Comme le liquide avait reparu, dix jours plus tard, on évacua le pus et on injecta dans la cavité une solution tiède de sel marin.

A la suite de cette ponction et de cette injection, on ne vit pas revenir les frissons, et on put constater que le liquide de la solution, retiré de l'intérieur du foyer, contenait une notable quantité de pus épais que n'avaient pu ramener les injections précédentes.

A quelques jours de distance, on refit une nouvelle ponction et un lavage du foyer avec une solution concentrée de chlorure de sodium.

Depuis cette époque, toute trace d'abcès disparut, et la femme sortit guérie, vers le 7 ou 8 juillet 1877.

Il y a un mois, M. Houzé de l'Aulnoit, se rendant près de Carvin, eut l'occasion de la revoir. Elle était domestique, et jouissait d'une santé excellente. Elle lui déclara que, depuis un an qu'elle avait quitté l'hôpital, elle n'avait plus éprouvé aucune douleur au niveau de son abcès et qu'elle pouvait remplir ses fonctions sans la moindre fatigue.

*Réflexions.* — Dans le cas actuel, on a eu à traiter une collection purulente, développée dans l'excavation pelvienne en dehors de tout état puerpéral. Malgré une première évacuation, le pus n'a pas tardé à se reformer. Des injections d'eau tiède et de solution iodée avaient été suivies de signes d'infection putride, qui ne se renouvelèrent pas à la suite des deux injections d'eau salée; et la guérison fut définitive, ainsi qu'on put le constater par l'examen de la malade, un an après sa sortie de l'hôpital.

OBSERVATION XIV.

*Arthrite suppurée du genou droit chez une petite fille de dix jours. — Abcès multiples. — Drainage, immobilisation et lavages à l'eau salée. — Guérison.*

(Observation rédigée par l'auteur, d'après des notes prises par la mère de l'enfant.)

———

L'enfant, qui est l'objet de cette observation, est une petite fille, née le 2 février 1878 et appartenant à la clientèle civile de M. Houzé de l'Aulnoit.

Aucune complication n'est venue entraver l'accouchement et l'enfant, à sa naissance, pesait 3,400 grammes.

Le 11 février, l'enfant parut souffrir du côté des seins, qui furent trouvés engorgés. La poitrine fut couverte de ouate et l'inflammation disparut rapidement.

Le 14, l'enfant pousse des cris lorsqu'on la prend sans précaution ; elle relève la jambe gauche, mais la droite reste toujours étendue.

Le 16, elle paraît souffrir beaucoup, crie sans interruption et refuse le sein.

Le 17, le genou droit est gonflé et sensible a la pression. On le recouvre de cataplasmes de fécule et de graine de lin.

Le 18, l'épanchement articulaire augmente. On continue les cataplasmes.

Le 19, le membre est placé dans une gouttière et recouvert de cataplasmes.

Le 21, on applique sur le genou un vésicatoire qui n'amène aucune amélioration.

Le 24, une ponction faite avec un trocart de moyen calibre, amène au-dehors du pus en quantité considérable.

Le 25, les doigts du pied du membre droit s'engorgent; le lendemain un état phlegmoneux envahit la cuisse du même côté. Tout le membre est tuméfié et prend une teinte violacée. Le genou est gonflé et offre une fluctuation des plus évidentes.

Le 27, un petit abcès se montre sous la peau du talon. On l'incise immédiatement. L'articulation du genou est ouverte des deux côtés de façon à permettre l'introduction d'un tube à drainage.

Injection d'eau salée pour enlever le pus qui croupit dans l'articulation.

Vers le soir, les deux fesses et la cuisse gauche se tuméfient et deviennent douloureuses. On y applique des cataplasmes.

Le genou est immobilisé dans une gouttière après un pansement fait avec de la ouate.

Le 3 mars, les parties tuméfiées se sont dégorgées sous l'influence des cataplasmes. Le genou seul reste malade.

Le drain de caoutchouc est enlevé.

Le 5 mars, un abcès se forme à la main gauche; il prend naissance, sur la dernière phalange du médius et gagne le dos de la main. Cet abcès est ouvert le lendemain et la partie malade est enveloppée de ouate. — A partir de ce jour, le genou se gonfle davantage, le pus semble fuser le long de la cuisse; cependant l'état général de l'enfant reste excellent. — Sirop antiscorbutique, sirop de quinquina.

Le 13 mars, l'abcès du talon est parfaitement cicatrisé. — Consultation avec M. le Professeur Parise.

Le 14 mars, tout le membre malade est placé dans une grande gouttière en zinc.

Le 16 mars, M. Houzé de l'Aulnoit pratique, vers la partie antérieure du tiers supérieur de la cuisse, une contre-ouverture par laquelle il introduit un drain. Lavage avec l'eau salée.

Le 23 mars, l'abcès de la main est cicatrisé ; le doigt medius est libre dans ses mouvements.

Le 27, on donne le sirop de phosphate de chaux pour remplacer le sirop antiscorbutique. Les plaies sont pansées à l'eau salée.

Lé 31, on introduit un nouveau drain par la plaie de la partie interne du genou qui était cicatrisé et que l'on doit ouvrir à nouveau. Ce drain se dirige obliquement en haut, à deux travers de doigt au-dessus du condyle externe du fémur. Lavage de la cavité articulaire au moyen de l'eau salée.

Le 6 avril, il est survenu une amélioration sensible ; le pus, en quantité moindre, est devenu épais et jaunâtre.

Le 20 avril, les drains sont remplacés par des fils d'argent, et l'on cesse les injections d'eau salée.

Le 24, il n'existe plus qu'une légère suppuration dûe aux bourgeons charnus. Le membre est entouré de ouate et maintenu immobile au moyen d'une gouttière.

Le 30, on enlève le fil d'argent qui va du genou à la cuisse.

Le 5 mai, on réprime au moyen du nitrate d'argent les bourgeons charnus qui se sont formés à l'orifice supérieur de la fistule, et qui, à la moindre pression, donnent lieu à une légère hémorrhagie.

Le 9, on enlève avec des ciseaux une partie de ces bourgeons que l'on cautérise ensuite au nitrate d'argent.

Le 14, cicatrisation presque complète. — Suppuration superficielle et presque insignifiante.

Grosseur du genou malade : 19 centimètres.

Grosseur du genou sain : 16 centimètres.

La grande gouttière est remplacée par une autre plus petite qui n'immobilise que l'articulation fémoro-tibiale.

Le 27 mai, la guérison est complète. Il n'existe plus de suppuration, et quoique le genou droit soit resté un peu volumineux, l'articulation a conservé tous ses mouvements.

L'enfant est très-gros, et présente les signes d'une bonne santé et d'une excellente nutrition.

Aujourd'hui 6 août, la guérison ne s'est pas démentie et l'état général de l'enfant est très-satisfaisant.

*Réflexions.* — L'apparition d'une arthrite purulente du genou et de nombreux foyers purulents au talon droit et à la main gauche, ainsi qu'une inflammation très-étendue du tissu cellulo-graisseux de la cuisse droite et de la région fessière, onze jours après la naissance, était de nature à faire craindre une terminaison mortelle.

Le drainage du genou et de la cuisse, et les lavages avec une solution salée ont exercé à n'en pas douter, la plus heureuse influence sur la marche de cette grave affection. Nous sommes en droit de penser que si la nutrition n'a pas souffert pendant la durée du traitement, on doit l'attribuer à l'absorption du chlorure de sodium.

La conservation intégrale des mouvements du genou est de nature à prouver que les injections salées ne sont pas susceptibles d'altérer les propriétés physiologiques des séreuses articulaires.

# CONCLUSIONS.

De ce travail, on peut tirer les conclusions suivantes :

1° Les lavages d'eau salée dans les foyers, proposés par M. Houzé de l'Aulnoit, ont une action incontestable pour s'opposer aux accidents de septicémie;

2° En vertu de sa densité, la solution concentrée déplace le pus retenu dans les clapiers, et l'oblige à remonter à la surface;

3° Son action pour arrêter la décomposition des globules purulents et sanguins n'est pas moins manifeste;

4° Elle a une vertu modificatrice sur les parois des foyers, en excitant la granulation et par suite la cicatrisation;

5° Un des principaux avantages de ces lavages consiste dans le résultat de l'absorption, et dans ses effets sur la nutrition.

A ces différents titres, nous ne doutons pas que ce nouveau moyen thérapeutique ne soit adopté par les chirurgiens, et n'entre bientôt dans la pratique du traitement des foyers purulents;

6° Elle pourra également être utile dans le pansement des plaies, lorsque l'inflammation est peu considérable.

Aussitôt après les grands traumatismes, on peut recourir à ce mode de pansement, mais à la condition d'employer une solution faible, marquant 7° ou 8° à l'aréomètre de Baumé;

7° C'est surtout dans les affections osseuses, que la solution concentrée est utile en activant la période granuleuse.

# BIBLIOGRAPHIE.

Chatelain. — Mémoire sur l'emploi du coton et des pansements rares dans le traitement des plaies et des ulcères. (Recueil de mémoires de méd. de chir. et de pharm. militaires, 1836, t. **XXIX**, page 61).

Dewandre (V.). — Du chlorure de sodium dans le traitement des plaies en général. (Liège, 1865, imp. Carmanne, et extrait in Union medicale, t. **XXVII**, 2<sup>e</sup> série, p. 66).

Raimondi. — Du traitement des maladies scrofuleuses par les eaux salino-iodurées de Salès. Thèse de Paris, 1878.

Guérin (Jules). — Occlusion pneumatique, (Gaz. méd. 1844, page 730; 1866, 1868. Union méd., 1870, N° 104. — Bull. de l'Acad. de médecine, t. **XXXI**, 1866, p. 396 et 763).

Gosselin. — Des pansements rares. Thèse de concours, 1850.

. Bouisson. — De la ventilation des plaies et des ulcères. (Gaz. méd., 1858, N<sup>os</sup> 44 et suivants).

Arlaud. — Du drainage préventif appliqué aux amputations des membres. (Gaz. des hôp., 1861, p. 282).

Lister. — Pansement à l'acide phénique. (Gaz. des hôp. 1869, p. 465).

Le Fort (Léon). — Pansement simple par balnéation continue. (Acad. de médecine, 31 mai 1870.—Id. 1878).

Houzé de l'Aulnoit. — Immobilisation articulaire à l'aide de gouttières bouclées. — Communication à l'Académie de médecine, 2 avril 1872, et Gazette des hôpitaux. — Bulletin de la Société de chirurgie, séance du 22 janvier 1873. — Communication à la Société de chirurgie, 23 avril 1873.

Houzé de l'Aulnoit. —Étude historique et clinique des amputations sous périostées, et de leur traitement par l'immobilisation du membre et du moignon. — (J.-B. Baillière, 1873). — Note à l'Institut, 7 février 1875. — Congrès de Bruxelles.`Bruxelles, 1875, p. 260. — Congrès du Havre, 1877. Pansements à l'eau salée, (Gaz. méd. 12 juillet 1878. — Du traitement des foyers purulents et des plaies par l'eau salée (Congrès de Paris, 26 août 1878).

Verneuil. — Du pansement ouaté. (Congrès de Lyon, 1872). Pansement ouvert. (Académie de médecine, 1878).

Rochard. — Histoire de la chirurgie au XIX^e siècle, Paris, 1875, p. 635. — Dictionnaire de médecine et de chirurgie pratiques, t. XXV, 1878, p. 729.

Ollier. — De l'occlusion inamovible. — Congrès de Lyon, sept. 1872).

Azam. — Sur un nouveau mode de réunion des grandes plaies, particulièrement des plaies d'amputation. (Congrès de Lyon, 1873).

Guérin (Alph.). — Du rôle pathogénique des ferments dans les maladies chirurgicales ; nouvelle méthode de traitement des amputés. (Ac. des sciences, 23 mars 1874).

Chassagny. — Compression et immobilisation méthodiques par l'air ou par l'eau, pansement des plaies avec occlusion hermétique. (Acad. des sciences, 18 déc. 1876).

Desprès (Arm.). — La chirurgie journalière, Paris, 1877.

Leudet. — Communication au Congrès pour l'avancement des sciences. — Clermont-Ferrand, 1876, p. 647.

Cornil et Ranvier. — Manuel d'histologie pathologique.

Robin. — Leçons sur les humeurs, p. 294 et suiv.

Cyr. — Traité de l'alimentation, p. 128.

Berard. — Cours de physiologie, t. I. Paris, 1848.

Barbier. — Note sur le mélange du sel marin aux aliments de l'homme. (Gaz. méd., p. 301. Paris, 1838).

# TABLE DES MATIÈRES.

Lille-Imp.L Danel

www.ingramcontent.com/pod-product-compliance
Lightning Source LLC
Chambersburg PA
CBHW052049270326
41931CB00012B/2688